Bonneau · Französisch – Grammatik gut im Griff

Die Reihe BELTZ Lern-Trainer wird herausgegeben von Wolfgang Endres

BELTZ Lern-Trainer

Elisabeth Bonneau

Französisch

Grammatik gut im Griff

1./2. Lernjahr

Beltz Verlag · Weinheim und Basel

Über die Autorin:

Elisabeth Bonneau, Jg. 1950, war Gymnasiallehrerin für Französisch und Englisch und arbeitet heute freiberuflich als Pädagogin und Journalistin.

Die Deutsche Bibliothek – CIP-Einheitsaufnahme

Französisch. – Weinheim ; Basel : Beltz
(Beltz-Lern-Trainer)
Grammatik gut im Griff : 1./2. Lernjahr / Elisabeth Bonneau. –
1996
ISBN 3-407-38027-5

Lektorat: Ingeborg Strobel

Herstellung und Innenlayout: Ute Jöst, Publikations Service, Birkenau
Satz: Satz- und Reprotechnik GmbH, Hemsbach
Druck: Druckhaus Beltz, Hemsbach
Umschlaggestaltung: Zembsch' Werkstatt, München
Umschlagabbildung und Zeichnungen: Michael Ryba, Lenzkirch
Grafische Elemente nach Entwürfen von Markus Olivieri
Printed in Germany

ISBN 3-407-38027-5

Inhaltsverzeichnis: Table des matières

Inhaltsverzeichnis

Das Wort zum Anfang: Salut!

Du hast inzwischen ein bis zwei Jahre Französisch-Unterricht hinter dich gebracht und, so will ich doch schwer hoffen, hin und wieder sogar Spaß dabei gehabt. Jetzt möchtest du das, was du sowieso schon kannst, noch einmal auffrischen, und das, was nicht so supertoll sitzt, gründlich nachlernen.

Wir werden also ab heute einige Zeit miteinander verbringen. Nicht tagelang am Stück, sondern immer in gut verdaulichen Portionen. Fein. Ich freue mich, daß du dabei bist und daß du zu den Leuten gehörst, die sich gern und möglichst fehlerfrei mit unseren lieben Nachbarn unterhalten wollen: **Vive la France!**

Bevor wir loslegen, solltest du aber einmal kurz in dich gehen. Was ist dir eigentlich in der Schule am leichtesten gefallen? Mach doch mal eine Liste: Du wirst ganz überrascht sein, wieviel du schon ganz gut kannst. Und den Rest, den kriegen wir auch noch hin.

Spätestens bei der Arbeit mit diesem Lern-Trainer wirst du dich mit den – sagen wir – «normalen» und auch mit den unregelmäßigen französischen Verben anfreunden: im **présent** und im **passé composé** sowie im **imparfait**. Den Unterschied zwischen den beiden Zeiten der Vergangenheit kriegst du fast gratis dazu geliefert.

Zwischendurch frischst du dein Wissen auf über das, was ein Substantiv begleiten kann – **l'article**, **l'adjectif** **l'adjectif possessif** usw. – und womit du es wieder loswirst: **le pronom complément d'objet** und **l'adverbe pronominal**

Das Wort zum Anfang

Die Übungen bitte ich dich, immer erst nach einer kurzen Lernpause zu machen. An den Sternchen siehst du, was auf dich zukommt: sie gehen von * (leicht) bis *** (nicht zu unterschätzen). Anschließend kannst du dich dann richtig ausruhen und dir einen Spruch für das A-Feld aussuchen.

Dann wüßte ich noch gern von dir, wie du am leichtesten lernst. Mit deiner Lieblingsmethode (zum Beispiel lesen) fängst du in Zukunft immer an, die anderen Lernwege (laut lesen, abschreiben, buchstabenweise aufmalen, Karteikarten anlegen, auf Kassette sprechen und dann mit Walkman durch den Wald turnen, was auch immer) werden im Anschluß daran genutzt. Hauptsache: Augen, Ohren, Mund: alles auf!

Alors, on commence.

Elisabeth Bonneau

Das A-Feld

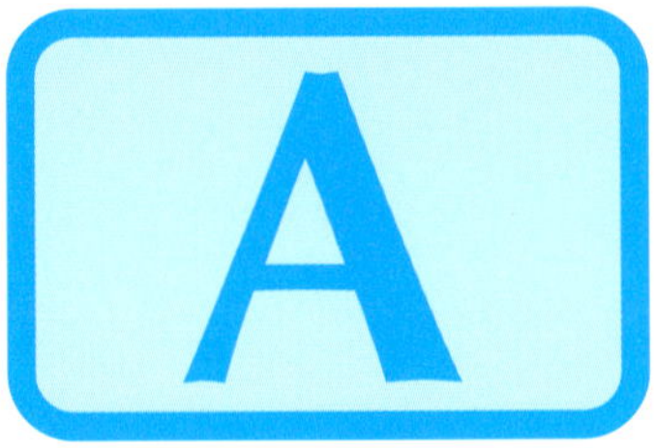

Anhalten

Immer wenn du an ein solches Feld kommst, ist es Zeit, anzuhalten und über das Gelesene oder Geübte kurz nachzudenken.

Auswählen

Im Buch findest du eine große Auswahl an Merksätzen, flotten oder dummen Sprüchen. Such dir einen aus, der dir jetzt im Moment am besten paßt.

Aufhören

Dann hast du auch genug geschafft. Du weißt ja, wer allzu große Schritte macht, läuft auch Gefahr, daß ihm schnell die Puste ausgeht.

Aufkleben

Zu guter Letzt klebst du den ausgesuchten Aufkleber in dieses Feld – als Belohnung sozusagen. Mit der Zeit entsteht auf diese Weise dein ganz persönlicher Lern-Trainer.

1 Die Verben im Präsens: *Les verbes au présent*

Aller Anfang ist schwer. Darum fangen wir gleich mit dem Ende an.

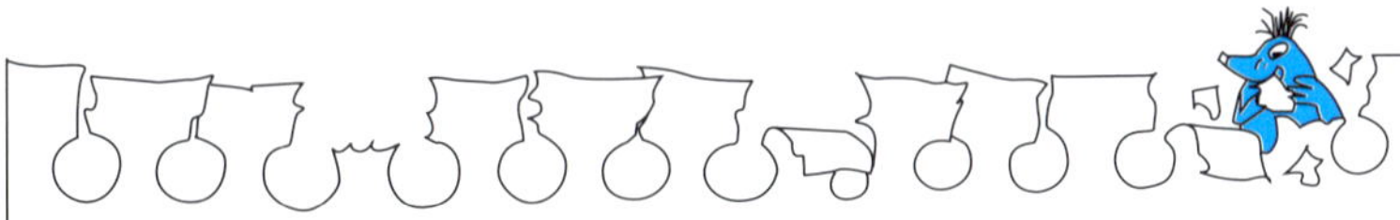

Eingangstest

Die Verben der folgenden Liste sind dir bekannt (ansonsten: der Sicherheit halber im Wörter- oder im Schulbuch nachgucken, Buchstabe für Buchstabe auf ein Extrablatt schreiben und kurz vor Arbeitsschluß heute nochmal *laut* durchlesen, aufzeichnen, abschreiben... siehe Vorwort).

ouvrir
être
prendre
mettre
écrire
voir
savoir
sortir
venir
vouloir

faire
dormir
aller
avoir
offrir
acheter
commencer
lire
appeler
jeter

choisir
manger
pouvoir
répéter
falloir
croire
pleuvoir
devoir
partir
apporter

Die Verben im Präsens

Alle diese Verben passen, was ihre *Konjugation in der Gegenwart,* **au présent**, angeht, in eine der Schubladen, die schon mit Etiketten ausgezeichnet sind. Jetzt sortiere sie mal schön ein. **Allez!**

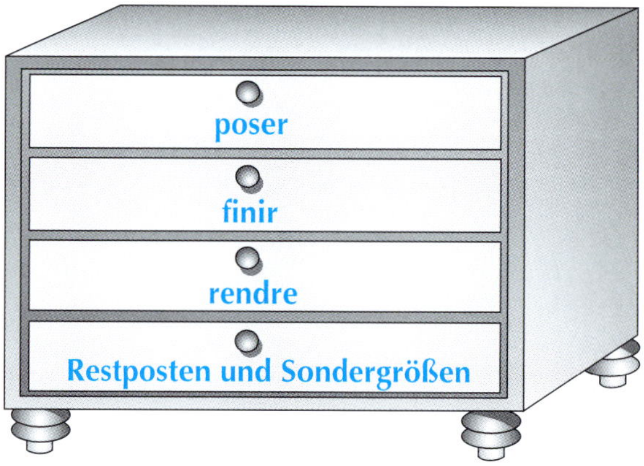

1.1 Die Verben auf -er: Les verbes en -er

Des Rätsels Lösung: Die erste Schublade

Na, wie war's? Nicht so ganz eindeutig? Richtig. Da sind ein paar dabei, die kommen zwar in ein bestimmtes Schubfach, dort aber in eine Sonderabteilung. Weil es nicht nur um das dicke Ende geht. Also, schauen wir es uns mal zusammen an, **regardons ensemble**

Die Verben im Präsens

Zu den Verben mit dem Grundmuster der ersten Kategorie, d.h. mit der Endung -er wie **poser** gehört natürlich

apporter	
j'apporte	**nous apportons**
tu apportes	**vous apportez**
il apporte	**ils apportent**

impératifs : apporte*! apportez! * Attention: kein «s» dran!!!

Alle anderen auf -er (außer **aller**, das sieht zwar so freundlich aus, wandert aber zu den Restposten) bleiben hier, marschieren aber in Sonderfächer.

appeler
jeter

‹‹Stamm betont – Stammende verdoppelt››

j'appelle	**appeler**
tu appelles	**nous appelons**
il appelle	**vous appelez**
ils appellent	**appelez !**
appelle !	

manger
commencer

‹‹gleich sprechen, vor a und o anders schreiben››

nous mangeons
nous commençons

apporter

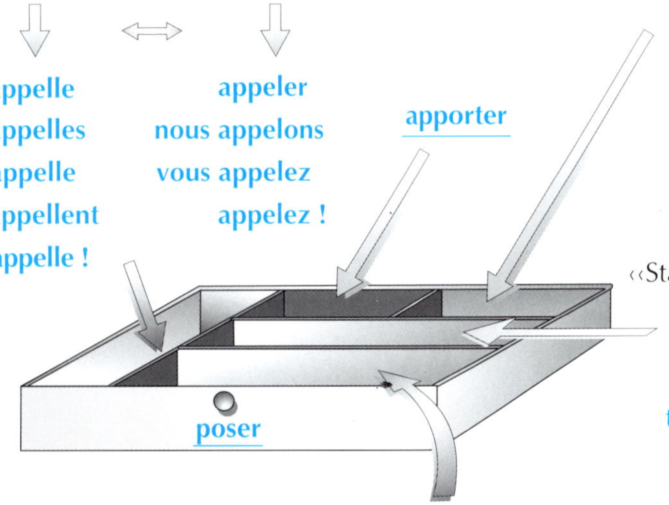

espérer
acheter

‹‹Stamm betont – e mit **accent grave**››

j'achète	**acheter**
tu espères	**espérer**
il répète	**nous répétons**
ils lèvent	**vous levez**
achète !	**achetez !**

offrir
ouvrir

‹‹Endung -ir , im **présent** wie -er››

j'ouvre
tu ouvres
il ouvre usw.

Die Verben im Präsens

1.2 Die Verben auf -ir: Les verbes en -ir

Weiter mit der zweiten Schublade:

Dann kommen wir jetzt zum zweiten Fach, dem mit -ir am Schluß. **ouvrir** und seine Kameraden haben wir schon anderweitig untergebracht, es bleiben uns zwei ziemlich übersichtliche Gruppen, die wir ganz gut unterteilen können…, aber auch unterscheiden müssen, von der Endung her und von dem Teil des Verbs, an dem wir sie dranhängen. Ja, und dann kommt noch eine, die würde auch gut in die unterste Schublade passen, doch: Was weg ist, ist weg.

partir **sortir** **dormir**

‹‹verkürzter Stamm im Singular››

je pars ⟺	**nous partons**
tu dors	**vous dormez**
il sort	**ils sortent**
dors !	**dormez !**

choisir

‹‹erweiterter Stamm im Pluralen››

je finis ⟺	**nous finissons**
tu choisis	**vous choisissez**
il réfléchit	**ils réfléchissent**
choisis !	**réfléchissez !**

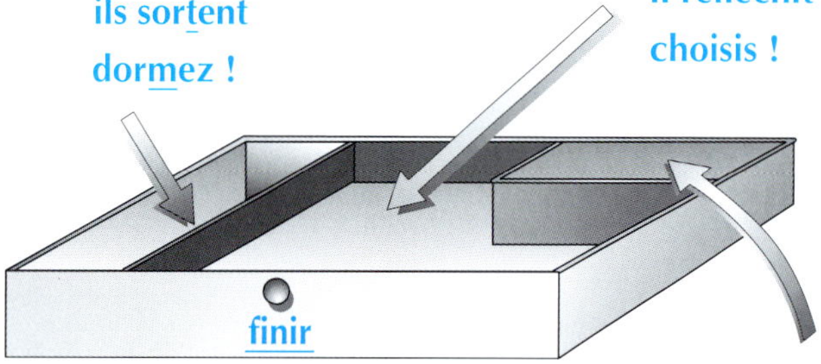

venir

‹‹zwei verschiedene Stämme››

je viens ⟺	**nous venons**
tu viens	**vous venez**
il vient	
ils viennent	
viens !	**venez !**

Die Verben im Präsens

Les verbes en -er et en -ir

Übung/Exercice 1*: Vervollständige die Verben im Präsens. Complète les verbes au présent.

On va en ville

Samedi après-midi. Monique et Adeline se téléph . . . . . , car ce soir, elles sor . . . . . ensemble.

«Tu v . . . . . me voir à quelle heure?»

«Pas d'idée.»

«Réflé . . . . . .»

«Hm. Mes parents fin . . . . . de travailler à 6 heures, mes petits frères dor . . . . . à 7 heures, je v . . . . . chez toi à 7.15 heures. OK?»

«7.15 heures ou 7.30 – choi . . . . . toi-même.»

«Si nous par . . . . . de chez toi à 7.30, nous arriv . . . . . à temps pour le film de 8 heures?»

«Bien sûr, les caisses ouv . . . . . à 7.45 heures. A ce soir alors.»

«Une seconde encore. Dis-moi, tes cousins, ils v . . . . . aussi?»

«Ohlàlà, ma chère. Non non, nous ne commen . . . . . pas comme ça!»

Bevor wir mit dem Sortieren weitermachen, wollen wir doch einmal sehen, ob die ersten Endungen schon gut sitzen.

Das wär's fürs erste. Pauk-Päuschen gefällig? **Une limonade? Une glace au chocolat?**

A

Übung/Exercice 2*: Wortsalat

Mach dir die Wörter selbst und vergiß dabei die accents nicht! Fais les mots toi-même. N'oublie pas de mettre les accents.

vous CEHIIOSSSZ	**je EEEPRT**
vous AEELPPZ	**elle EEEFPRR**
ils EELNTV	**vous EEEPRSZ**
tu EORSUV	**ils EFFONRT**
elles EEJNTTT	**nous AEGMNNOS**

Die Lösungen findest du auf Seite 99.

1.3 Die unregelmäßigen Verben: Les verbes irréguliers

Auffüllen des vierten Faches, der Anfang:

Schön wär's, wenn wir genauso klare Unterfächer in der dritten Schublade hätten. Weißt du was: Wir sondern zuerst einmal die ach so gut bekannten Restposten aus und wenden uns dann erst der Gruppe «**rendre** und seine Freunde» zu. Einverstanden? **D'accord?**

Daß hier **avoir**, **être** und **aller** landen würden, war dir klar. Es ist ja nicht ganz fair, daß die drei so schwierig sind, wo wir sie doch so häufig brauchen. Wozu eigentlich? Na, du weißt schon: **avoir** und **être** brauchen wir unter anderm fürs **passé composé** (dazu kommen wir dann später noch, aber wenn die Formen jetzt schon sitzen, kann's ja nicht schaden) und **aller** hilft uns hier und da für eine der Zukunftsformen.

Die Verben im Präsens

Ach, wie war das noch? Schreibe doch einmal die Gegenwartformen von **aller être** und **avoir** untereinander.

aller	**être**	**avoir**
....	....	....
....	....	....
....	....	....
....	....	....
....	....	....
....	....	....
....	*	*
....		

Danke, das war's. Da steht jetzt hoffentlich

aller	**être**	**avoir**
je vais	*je suis*	*j'ai*
tu vas	*tu es*	*tu as*
il va	*il est*	*il a*
nous allons	*nous sommes*	*nous avons*
vous allez	*vous êtes*	*vous avez*
ils vont	*ils sont [ilsõ]*	*ils ont [ilzõ]*
va!		
allez!		

*Den **impératif** schenken wir uns noch für ein paar Jährchen.

Nun, war alles richtig? Wenn zufällig (!) mal die eine oder andere Form nicht gesessen haben sollte: bitte opfere ein Extra-Blatt und hänge das Ganze an deine Pinnwand. Wenn du alle kannst, wandern sie in die Merkabteilung.

Die Verben im Präsens

> ***Apropos: Du hast doch wohl schon einen Hefter, in dem du die Übungen, die du hier machst, von den Dingen trennst, die du später unbedingt noch einmal pauken mußt!? Wirklich? Vraiment?***

Nun schauen wir mal, in welch guter Gesellschaft sich die drei Sondergrößen befinden. Richtig, ganz so schlimm treiben es die andren ja nicht, daher sollst du dir, bevor sie in der Schublade verschwinden, noch einmal die Besonderheiten anschauen, vorsagen und aufschreiben.

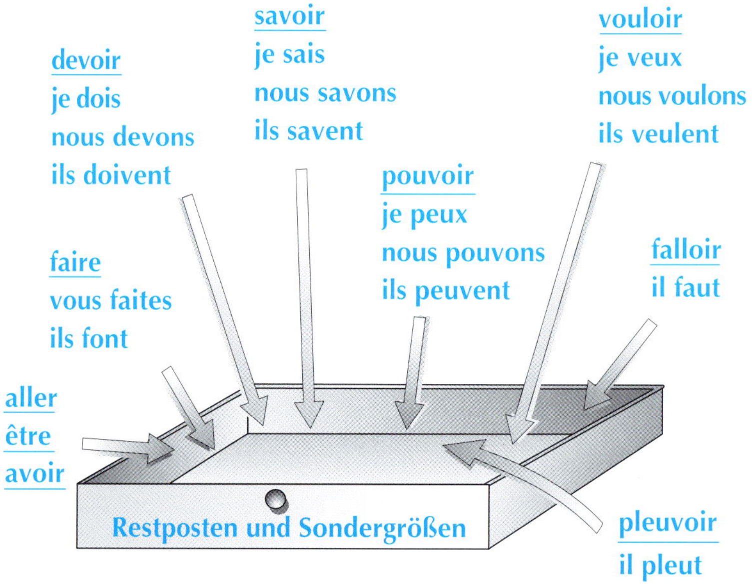

Wenn du dir nicht ganz sicher bist, wie der jeweilige «Rest» aussieht – hol lieber nochmal dein Lehrbuch heraus oder dein Wörterbuch: Da gibt es meist einen interessanten Anhang …! Und dann an die Übungen. Spicken ist immer erst hinterher erlaubt!

Les verbes plus ou moins irréguliers

Übung/Exercice 3*: Vouloir, pouvoir, savoir, devoir: such dir das richtige Verb aus, choisis.

Christian prépare une boum

«Tu invites Suzanne?»

«Oui, tu sais, je d . . . . . l'inviter: elle est ma cousine.»

«Christine, Thomas et Pierre viennent aussi?»

«Non, les garçons ne p . . . . . pas venir, ils sont à Paris.»

«Dommage. Et Christine alors?»

«Christine? Elle p . . . . . venir, mais je ne v . . . . . pas.»

«Pourquoi?»

«Ces filles v . . . . . toujours raconter leurs histoires.»

«Alors Marie-Claude ne vient pas non plus?»

«Ah si. Elle, je l'invite. Elle s . . . . . jouer de la guitare, et comme ça, nous p . . . . . chanter.»

Die Verben im Präsens

Übung/Exercice 4*: Setze die Verben in der richtigen Form ein. Mets les verbes à forme correcte.

On va à la MJC (ou, comme disent les grands, la Maison des Jeunes et de la Culture).

Olivier rencontre Nadine en ville

«Salut, Nadine, tu . . . . . les courses même quand il . . . . . ?» (faire, pleuvoir)

«Non, je . . . . . chez le dentiste, je . . . . . un rendez-vous à 4 heures. Et toi, tu . . . . . où?» (aller, avoir, aller)

«Il me . . . . . aller à la pharmacie. Ma mère . . . . . mal à la tête, elle . . . . . prendre de l'aspirine.» (falloir, avoir, vouloir)

«Et après, tu . . . . . tout de suite?» (revenir)

«Oui, mais ensuite, je . . . . . pour la MJC. Au cours d'anglais nous . . . . . à 5 heures.» (partir, commencer)

«Mon frère et moi, nous . . . . . de l'ánglais au collège. Nous . . . . . à la MJC demain soir.» (faire, aller)

«Vous . . . . . un cours de langue aussi?» (avoir)

«Non, pour nous, la MJC, ce . . . . . avant tout un centre de rencontre. Les animateurs . . . . . super, et les jeunes aussi. Tu . . . . . venir danser avec nous un jour.» (être, être, devoir)

«Peut-être. Mais je ne . . . . . pas si je . . . . . venir demain. Je . . . . . encore faire mes devoirs de sciences naturelles pour mercredi. Ou bien, vous les . . . . . pour moi, ton frère et toi?» (savoir, pouvoir, devoir, faire)

Lösungen auf Seite 100.

A

1.4 Die Verben mit der Endung -re: Les verbes en -re

Es bleibt dir nichts erspart oder: Das 3. Fach

Die Endungen sind bei diesen Verben gar nicht das Problem:

rendre
je rends } [rã]
tu rends }
il rend* }
nous rendons
vous rendez
ils rendent [rãd]

* wenn dir vom Stamm her kein «d» zur Verfügung steht, hängst du einfach ein «t» dran: **il écrit**, **elle lit**, **on dit**)

> Die Tücke liegt hier meistens in der Mitte. Also: Augen auf!

‹‹Hin und Her››, wie bei **pouvoir** usw.

boire
je bois
nous buvons
vous buvez
ils boivent

croire.. wie **voir**
je crois / vois
nous croyons / voyons
ils croient / voient

‹‹Eingeschmuggelt››

lire
je lis
nous lisons
ils lisent

écrire
j'écris
nous écrivons
ils écrivent

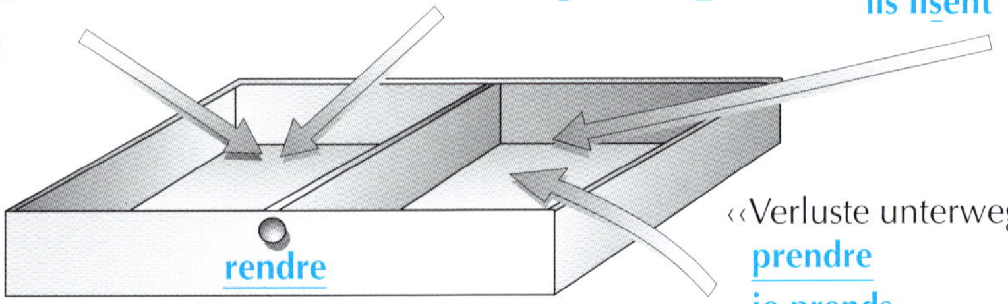

‹‹Verluste unterwegs››

prendre
je prends
nous prenons
ils prennent

Das war dann mal der erste Einstieg ins französische Verb in der Gegenwart, **au présent**. Jetzt darfst du mal kurz aussteigen, vielleicht auch zurückblättern und dir selbst laut vorsagen, was du schon alles wiederholt hast. Du ahnst ja auch schon, was als nächstes auf dich zukommt: der große Verb-Cocktail, garantiert alkoholfrei, aber spritzig.

Die Verben im Präsens

Un cocktail de verbes au présent

Übung/Exercice 5*

Philippe et Pierre arrivent chez Chantal et Christine

«Vous . . . . . du coca?» (prendre)

«Non merci. En ce moment nous . . . . . seulement des fruits et nous . . . . . de l'eau.» (manger, boire)

«C'est tout? Cela vous . . . . . plaisir? Et vous . . . . . nous raconter que cela . . . . . pour des garçons comme vous?» (faire, vouloir, suffire)

«Bien sûr, presque pas de calories, ce . . . . . formidable, nous . . . . . deux kilos par semaine.» (être, perdre)

«Et vous . . . . . cela formidable? Deux kilos?» (appeler)

«Mais qu'est-ce que cela . . . . . dire? D'abord vous nous . . . . . que nous sommes trop gros, et maintenant vous ne nous . . . . . pas quand nous . . . . . tout pour maigrir. Ah, ces filles! Elles ne . . . . . jamais ce qu'elles . . . . . » (vouloir, dire, croire, faire, savoir, vouloir)

Übung/Exercice 6:** Hier war der Fehlerteufel an der Arbeit. Korrigiere bitte! Voici un texte avec beaucoup de fautes, mais seulement dans les verbes. Tu es le professeur, tu prends un stylo rouge et tu corriges. Amuse-toi bien.

Bonnes vacances

«Bonjour, ca vas? Moi je va bien. Les vacances êtent super. Et toi, qu'est-ce que tu fait aujourd'hui?»

«Je lis un livre sur les verbes francais. Cela m'intéres et j'apprende beaucoup. Ce soir, je écrive une dictée. Ma mère veux voir ce que je save écrir.»

«Super. Moi j'ai assez bonne en français. Je n'a pas besoin de fais des dictées.»

«Alors qu'est-ce que tu faix toute la journée?»

«Mes parents dit que je peut regarder la télé. Alors ma petite sœur et moi, nous regardent tout le temps.»

«Qu'est-ce que vous regarde?»

«Oh, tu saves, il y est des films intéressants.»

«Ma sœur voie tout aussi, nous prenent notre coca-cola, nous mangons des chips, et bonne journée.»

Lösungen auf Seite 101.

Das war's. Du hast dich tapfer gehalten. Super!

A

2 Das Substantiv und seine Begleiter: Le nom et ses copains

«So ein Theater! Tausende Verben pauken! Haben die nichts Besseres zu tun, die Gallier?» So oder ähnlich hast du bestimmt schon mal gewettert. Inzwischen hast du aber gemerkt, daß mit System alles halb so schlimm ist. Zur Abwechslung machen wir jetzt eine Verbpause und behandeln das Substantiv.

2.1 Das grammatische Geschlecht des Substantivs: Le genre du nom

Ohne Artikel geht ja im Französischen nichts. Das weißt du, und die Geschichten von **le**, **la**, **les** und **un**, **une**, **des** und daß du jedes, aber auch jedes Substantiv mit seinem Artikel lernen mußt (in der Regel dem unbestimmten, weil der eindeutig ist), kennst du zur Genüge: Denn das Geschlecht, **le genre**, läßt sich häufig weder von der Sache ableiten noch von der Form des Wortes.

TIP

Übrigens: Wenn dir ein paar «Lateiner» schadenfroh weismachen wollen, im Latein gäbe es keine Artikel, haben sie etwas Wichtiges nicht kapiert: Dort gibt es viel mehr Arten von Genus (so heißt das Geschlecht auf grammatisch) als im Französischen, und das bestimmt die Endung… die sich dann auch noch durch die Fälle (Kasus, d.h. Nominativ und so) verändert. Ab jetzt kannst du kontern: Die andern haben's viel schwerer als du! Deklinieren mußt du nicht!

Das Substantiv und seine Begleiter

Das war schon die erste Lektion. Aber wann nimmst du, **s'il te plaît**, **le**, **la**, **les** und wann **un**, **une**, **des**? Na? Natürlich:

> Wenn es um *etwas Bestimmtes,* Definiertes geht,
> kriegt das Substantiv **l'article défini le**, **la**, **les***.
>
> Wenn du *nichts Bestimmtes* weißt,
> hältst du dich an **l'article indéfini un**, **une**, **des**.

* bzw. l' im Singular, wenn es mit einem Vokal (a, e, i, o, u) oder einem stimmlosen «h» beginnt und gleichgültig, ob es männlich oder weiblich ist.

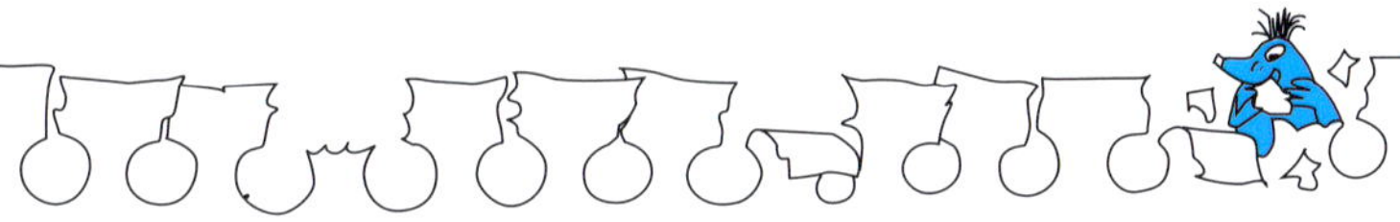

Ja, was wäre denn
dann **l'article défini** von

... accidents
... eau
... hôtel
... solution
... table
... tableau

und **l'article indéfini** von

... bébé
... direction
... séjours
... timbres
... voiture
... voyageur?

Dumme Frage, du lernst deine Wörter ja immer schon mit dem Artikel.

les accidents, l'eau f., l'hôtel m., la solution, la table, le tableau
un bébé, une direction, des séjours, des timbres, une voiture, un voyageur

Das Substantiv und seine Begleiter

Ein bißchen Ordnung gibt es aber, und auch Pärchenbildung ist erlaubt.

masculin (männlich)	féminin (weiblich)

Praktisch ist es bei den *gleichbleibenden* Substantiven:

un secrétaire	**une secrétaire**
un élève	**une élève**

Ansonsten richten sich Artikel und Endung nach dem Geschlecht:

un ami	**une amie**
un copain	**une copine**
un boulanger	**une boulangère**
un fiancé	**une fiancée**
un vendeur	**une vendeuse**

Kein Problem auch bei Wort-Wechsel:

un monsieur	**une dame**
un garçon	**une fille**
un frère	**une sœur**
un oncle	**une tante**

und so weiter, immer heiter.

Das sogenannte «natürliche Geschlecht» macht uns ja keine Probleme … aber was ist schon «natürlich»?

le soleil	**la lune**
le chat	**la radio**
le Tour de France	**la tour Eiffel**

Das Substantiv und seine Begleiter

Manchmal hast du Glück, und eine *Endung* führt dich, auch wenn es sich nicht um eine Person handelt, zum *grammatischen Geschlecht:*

Verb + ***-eur*** = ***masculin***
un réacteur
un ordinateur

aber (nicht vom Verb)
une douleur
une fleur

Verb + ***-ment*** = ***masculin***
un commencement
un règlement

Verb/Substantiv + ***-age*** = ***masculin***
un chauffage
un voyage

aber (nicht abgeleitet)
la page
la plage

aber
un avion
un camion

-ion = ***féminin***
une nation
une addition
une direction

Le nom et son genre

Übung/Exercice 7*: Sortiere jetzt bitte nach weiblich (vielleicht nimmst du dafür einen roten Farbstift) und männlich (wie wär's mit einem grünen Buntstift). Und natürlich immer schön den article indéfini dazuschreiben:

âge, amie, bonheur, bouchère, cage, chat, copain, courage, cousine, directeur, direction, enfant, fenêtre, fils, hôtesse, lectrice, lune, marchand, pâtissier, peur, poulet, professeur, radio, reine, sentiment, soleil, vendeuse

Und wie wär's, wenn du dir zu jedem Wort einen kleinen Satz einfallen ließest? So von jeweils sechs bis acht Wörtern? Du könntest womöglich eine Geschichte draus stricken, frei nach Phantasie. Kontrollieren kannst du das Ergebnis zwar alleine nicht, aber es wäre vielleicht nicht so langweilig für dich!

Lösungen auf Seite 101.

Das Substantiv und seine Begleiter

2.2 Der Plural des Substantivs: Le pluriel du nom

Den Pluralartikel hatten wir schon erwähnt, und du hattest in den Beispielen auch schon hier und da das Substantiv in der Mehrzahl bearbeitet:

le nom + -s = le nom au pluriel

Aber da es bei allem, was Menschen anfassen, nicht immer ganz glatt abgeht, haben wir es auch hier wieder mit ein paar **Ausnahmen** zu tun. Aber die haben wir schnell im Griff, und daß es Ausnahmen zu den Ausnahmen gibt, läßt uns im Moment mal kalt.

Aus -al wird -aux, und -au, -eau, -eu und -ou kriegen ein -x:

un journal/des journaux
une eau/des eaux
un feu/des feux
un bijou/des bijoux

Das -s bleibt -s (x=x, z=z):

un cours/des cours
un fils/des fils
un prix/des prix
le gaz/les gaz

Kurz bleibt kurz:

une BD/des BD
un CD/des CD

Familie bleibt eins:

M. Dupont, Mme Dupont/les Dupont

Das Substantiv und seine Begleiter

Zusammengesetzt nach Sinn:

un rendez-vous/des rendez-vous (wo sollte da auch ein -s hin?)

un après-midi/des après-midi (Mittag bleibt Mittag)

une salle de bains/des salles de bains (ein Zimmer für Badefreuden/mehrere Zimmer – viele Freuden)

une salle de séjour/des salles de séjour (ein Zimmer fürs Aufhalten/mehrere Zimmer OK, aber Aufhalten bleibt ein Allgemeinbegriff)

un sandwich au fromage/des sandwichs au fromage (ob ein Sandwich oder mehrere, Käse bleibt Käse – und daß die Franzosen keinen so eleganten Plural mit -es hinkriegen wie die Engländer selbst, verzeihen wir ihnen gern)

un week-end/des week-ends (da halten sie sich an die englischen Freunde)

un monsieur/des messieurs (Erinnerung an die beiden Einzelteile)

PS: Daß wir im Plural den Artikel an Substantive anbinden, die mit Vokal oder stummen «h» beginnen, nennen wir… richtig! **la liaison: les amis, les hôtels**.

PPS: Daß wir Singular-Substantive je nach Geschlecht durch ***il/elle*** ersetzen und solche im Plural durch ***ils/elles***, weißt du auch noch, **n'est-ce pas**?

2.3 Alle Formen des Artikels: L'article sous toutes ses formes

«Jetzt muß aber bald mal Schluß sein mit den Regeln!» Du wolltest schon so gern eine Übung machen. Tut mir leid, die kommt erst auf der nächsten Seite. Schließlich müssen wir uns noch um **les formes spéciales de l'article défini** kümmern.

Das Substantiv und seine Begleiter

Keine Sorge, es geht ganz flott, wenn du dich fitgemacht hast, **cela veut dire**, wenn du deine Pausen gemacht und deinen grauen Zellen die vorigen Seiten einverleibt hast.

Encore un petit détail: auf eine klitzekleine Kleinigkeit muß ich dich noch hinweisen, bevor es zu spät ist. Es könnte ja einmal vorkommen, daß der Artikel in Nachbarschaft gerät zu, sagen wir, einer Präposition. **La préposition**, was war das noch schnell? **Mais bien sûr**, natürlich, das sind die kleinen Dinger, die Beziehungen wie *auf, in, unter, für, von, an* etwas bezeichnen: **sur**, **dans**, **sous**, **de**, **à** und so weiter. Da läuten bei dir schon alle Glocken, was?

à und **de** gehen nämlich mit **le** und **les** eine engere Verbindung ein, als uns lieb wäre, **la** ist unproblematisch, mal wieder.

à	+	**le**	=	**au**
à	+	**les**	=	**aux**
de	+	**le**	=	**du**
des	+	**les**	=	**des**

Alles andere bleibt. Uff.

So ganz nebenbei eine kleine Rechenaufgabe: Wenn du morgen früh dein Französischbuch, das aus der Schule, herausholst und ab dann jeden Tag vor dem Zähneputzen fünf – nicht mehr als fünf! – Substantive wiederholst, hast du in zwei Monaten ganz automatisch 60 × 5 = 300 Substantive erstklassig parat – mit Artikel + Rechtschreibung + Bedeutung versteht sich; das macht so viel wie du in einem ganzen Schuljahr gelernt haben dürftest. Diejenigen, die du nicht auf Anhieb richtig hattest: Aufschreiben!! Dreimal mindestens. Und damit du morgens nicht vergißt, was du beschlossen hattest: Mach dir doch einen Merksticker auf den Spiegel!

Das Substantiv und seine Begleiter

Le nom

Übung/Exercice 8:** Setze diese Texte in den Plural. Mets les textes au pluriel.

Il n'y a jamais un seul

a) **Mon ami est là. Il vient souvent passer l'après-midi ici. On écoute un CD. Il regarde une BD, moi je lis le journal: Dans la rue Pascal, un voleur a volé un bijou à une dame. Après, je fais un sandwich au jambon, et on mange une glace à la vanille.**

b) **Le monsieur achète un timbre pour une lettre et une carte. Il n' est pas français, il ne sait pas le prix. Il n'a même pas un Franc. Mais il a un rendez-vous à cinq heures: bizarre.**

Übung/Exercice 9*: Setze à bzw. de und den fehlenden Artikel ein. Mets à et de et l'article.

En route

Il est huit heures ..... matin. M. et Mme Dupont partent ..... travail. M. Dupont travaille ..... bureau chez Renault, Mme Dupont est professeur ..... lycée Charles de Gaulle.

Leurs enfants sont jeunes, ils vont . . . . . école première. Ils ne doivent partir qu' . . . . . huit heures et demie. Mais la petite Suzanne ne veut pas faire le chemin . . . . . école toute seule avec son frère: elle a peur . . . . . chiens, et le chien . . . . . voisine se promène dans la rue. Thomas se moque . . . . . sa sœur, mais Mme Dupont dit . . . . . enfants: J'appelle grand-mère, elle va vous emmener.

Lösungen auf Seite 102.

A

2.4 Der Possessivbegleiter: L'adjectif possessif

So wie das Substantiv sich mit einem richtigen Artikel wohlfühlt, hat es auch nichts dagegen, wenn sichtbar wird, zu wem es gehört, d.h., wenn angegeben wird, wer sein Besitzer ist. Diese kleinen Wörtchen, die sich *Possessivbegleiter* oder **adjectifs possessifs** nennen, benutzen wir unter verschiedenen Voraussetzungen:

- sie ersetzen den Artikel,
- sie sind (wie der Artikel) *in Geschlecht und Zahl auf das Substantiv* bezogen,
- sie richten sich nach dem *Besitzer in Person und Zahl.*

Das Substantiv und seine Begleiter

Alles graue Theorie? Das wird sich schnell ändern. Wenn ich von *meinen* eigenen Sachen spreche, nehme ich, na klar, **mon**, **ma**, **mes**, z.B. **mon vélo**, **ma carte**, **mes vacances**.
Deine «Besitztümer» benenne ich mit **ton**, **ta**, **tes**: **ton copain**, **ta classe**, **tes amis**.
Unsere gemeinsamen bekommen **notre** (statt **le** und **la**!) und **nos: notre cours**, **nos exercices**.
Was *euch* gehört, wird mit **votre** und **vos** garniert.

Kinderkram? Es wird noch einfacher. Ist dir schon mal aufgefallen, daß Franzosen schlecht zwischen «ihr» und «sein» unterscheiden können? Damit will ich nicht sagen, daß sie es mit dem Eigentum nicht so genau nehmen. Manchmal verwechseln sie… auf deutsch und rein sprachlich… beim Besitzer männlich und weiblich. Das kommt einfach daher, daß sie in ihrer eigenen Sprache nicht unterscheiden müssen, ob ein Besitzer in der 3. Person männlich oder weiblich ist:

	masculin	**féminin**	**pluriel**
Suzanne et	**son frère**	**sa sœur**	**ses parents**
genauso wie			
Pierre et	**son frère**	**sa sœur**	**ses parents**
Bei mehreren Besitzern wird's noch leichter:			
Mme et M. Dupont et	**leur fils**	**leur fille**	**leurs enfants**

Das Substantiv und seine Begleiter

Daher meine inständige Bitte: Versuche niemals, Sätze mit «sein, seine, ihr, ihre» zu übersetzen. Laß das Deutsche aus dem Spiel, du würdest es dir sonst nur unnötig schwer machen. Bleib im französischen System und merke dir von links nach rechts und von oben nach unten:

le und l'*	**la**	**les**
mon	**ma**	**mes**
ton	**ta**	**tes**
son	**sa**	**ses**
notre		**nos**
votre		**vos**
leur		**leurs**

* ob **l'** hier für **le** steht oder für **la**, ist gleichgültig, daher:

mon anorak (m.) und	**mon assiette** (f.)
ton ami	**ton amie**
son hôtel	**son hôtesse**

Ein Wörtchen noch zum Wörtchen **ses**. Im Diktat hörst du [se:] und mußt schwer überlegen: **ses** oder **ces**, das ist die Frage. **ces**? Richtig, das gehört hier überhaupt nicht hierher, **ces** ist der Plural von **ce**, **cet**, **cette** und damit ein **adjectif démonstratif**. Aber der Teufel ist ein Eichhörnchen: Aufpassen, hier hilft dir nur der Sinn weiter. Also, wenn du [se:] hörst, frage dich ganz schnell und verbindlich: Wird hier auf etwas so quasi mit dem Finger gezeigt? (Dann **ces**.) Oder geht es um eine Besitzangabe? (Dann, dreimal darfst du raten: **ses**.)

Das Substantiv und seine Begleiter

So, und was machst du im Diktat mit **leur** oder **leurs**? Manchmal hörst du es ja an der **liaison**: **leurs amis**.

Aber – Testfall, wohin gehören:

allumettes, **BD**, **bijou**, **cours**, **eaux**, **feux**, **hôtel**, **journal**, **sandwichs au fromage**, **week-end**? Zu **leur** oder zu **leurs**? Mach bitte eine kleine Liste.

Er-Lösung:

....
....
....
....

leurs allumettes, leur BD/leurs BD!, leur cours/leurs cours!, leurs eaux, leurs feux, leur hôtel, leur journal, leurs sandwichs au fromage, leur weekend

L'adjectif possessif

Übung/Exercice 10:** Setze die Possessivbegleiter ein. Mets les adjectifs possessifs.

Pas de chance

Après . . . . . cours de français et d'allemand, Christine et . . . . . amis se retrouvent dans la cour du collège. Ils parlent de . . . . . leçon d'allemand et de . . . . . devoirs: «Qu'est-ce qu'il lui arrive encore, à ce M. Bonnard? Personne n'a rien compris car . . . . . explications étaient si mauvaises, et maintenant il arrive avec . . . . . idée que nous devons faire un test demain. Il nous énerve avec . . . . . grammaire!!»
Tout le monde rentre réviser pour le test. Christine et . . . . . frère Pierre – qui est plus âgé mais qui est dans . . . . . classe – arrivent chez . . . . . parents à cinq heures et demie. Nadine commence tout de suite à faire . . . . . devoirs, et elle prépare . . . . . test d'allemand. Pierre écoute d'abord . . . . . disque de Patricia Kaas, comme il le fait chaque après-midi. Monsieur Laroche entre dans . . . . . chambre.
«Pierre, tu as dejà terminé . . . . . devoirs?»
« . . . . . devoirs? Mais bien sûr, papa. Comme toujours.»
«Alors tu sais quoi? Je vois que tu n'as rien à faire. Tu portes d'abord . . . . . clés aux voisins, s'il te plaît: ils les ont oubliées ici. Et après cela tu laves . . . . . voiture. Ensuite tu fais les courses pour . . . . . mère,
et puis ...»

Lösungen auf Seite 102.

A

Das Substantiv und seine Begleiter

2.5 Das Adjektiv: L'adjectif

Les nouveaux vêtements, un vieux problème

Pierre veut partir à Cologne en octobre. Mais qu'est-ce qu'il va mettre dans sa valise? Il discute avec sa mère.

«Je ne vais quand même pas emporter mon vieil anorak bleu. Il n'est vraiment pac très chic.»

«Ce bel anorak? Il n'est pas vieux du tout. Qu'est-ce que je dois porter, moi! J'ai les mêmes vêtements depuis dix ans.»

«Ce n'est pas mon problème. Tout le monde a des nouvelles affaires. Et moi, je voudrais un nouvel anorak.»

«Bravo. Et des chemises peut-être, parce que les autres sont trop petites? Chères ou pas chères, c'est égal. Et des beaux jeans blancs parce que les vieux sont sales? Et avec ça, monsieur?»

«Mais non, maman. Je n'ai pas besoin d'un pantalon. Et mes chemises, même les blanches, sont encore très jolies. Mais regarde donc le catalogue: les nouveaux anoraks ne sont pas chers du tout.»

Nun, kommt dir in der Geschichte von Pierre irgendwas bekannt vor? Wohl zumindest hier und da so ein Wörtchen, das ein Substantiv schmückt: **un adjectif**. Ob es nun direkt beim Substantiv steht (dann heißt so ein Eigenschaftswort **adjectif épithète**) oder ob es zwar zu ihm gehört, aber ziemlich weit von ihm entfernt aufzufinden ist (dann heißt es **adjectif attribut**):

> Adjektive werden *immer* angeglichen. Nach
> Geschlecht und Zahl, wie mehrfach gehabt.

Und das war's auch schon. Pardon, fast…

Suche doch bitte in dem Text auf Seite 38 alle Eigenschaftswörter heraus und schreibe immer die, die von der Bildung her zusammengehören, in eine Zeile.

....

....

....

....

....

Was fällt dir auf? Was dämmert dir so aus dem Dunkel der Erinnerung? Die anderen Formen, die dazugehören? Dann vervollständige die Liste doch einmal mit den restlichen Formen des gleichen Adjektivs. Und vielleicht fallen dir noch ein paar andere Adjektive ein, mit denen du das System ergänzt. Aber das Neue bitte in einer anderen Farbe, damit es schön übersichtlich wird. (In der Liste auf der nächsten Seite sind die Formen aus dem Text unterstrichen gedruckt.) Erst wenn alles fertig ist, vergleichst du dein Ergebnis mit meiner Aufstellung. Die ist sicherlich vollständiger als deine, aber das ist kein Kunststück: Ich durfte ja nachgucken; du (noch!) nicht. Also: auf die Plätze, **à vos marques**!

Normalerweise kriegt das Adjektiv, wenn wir von der männlichen Form ausgehen, ein -e, wenn's weiblich ist, und im Plural kommt jeweils ein -s dazu:

masculin + -e = féminin
singulier + -s = pluriel

Leider aber heißt «normalerweise» nicht «immer», und unter anderem im Diktat mußt du höllisch aufpassen: weil man nicht alles hört, was man sieht.

Das Substantiv und seine Begleiter

Aufstellung der Adjektive

singulier		pluriel	
masculin	*féminin*	*masculin*	*féminin*
m/f kein Unterschied:			
même		mêmes	
sale		sales	
m/f/sing/pl alle gleich:			
chic			
m/f Unterschied sichtbar, aber nicht hörbar:			
joli	jolie	jolis	jolies
cher	chère	chers	chères
m/f Unterschied hörbar:			
petit	petite	petits	petites
blanc	blanche	blancs	blanches
bon	bonne	bons	bonnes
dangereux	dangereuse	dangereux	dangereuses

In der Liste sind die Formen aus dem Text von Seite 38 unterstrichen.

Das Substantiv und seine Begleiter

Dann hätten wir noch die Adjektive mit zwei männlichen Formen, je nachdem ob ein Konsonant (**une consonne**) folgt oder ein Vokal folgt (**une voyelle**):

m + consonne	m + voyelle	féminin
nouveau	nouvel	nouvelle
pluriel: nouveaux		pluriel: nouvelles
vieux	vieil	vieille
vieux		vieilles
beau	bel	belle
beaux		belles

Das Substantiv und seine Begleiter

Ach, checken wir doch mal kurz durch, ob du ein paar andere auch schon kannst.

Bitte *die weibliche Form* von:

beau	**bête** ....
bleu	**drôle** ....
énorme	**grand** ....
français	**gris** ....
heureux	**intéressant** ....
noir	**super** ....
triste	**vrai** ....

Und jetzt der *Plural* von:

chic	**fausse** ....
mauvais	**nouvel** ....
vieil	**vieille** ....

belle, bête, bleue, drôle, énorme, grande, française, grise, heureuse, intéressante, noire, super, triste, vraie
chic, fausses, mauvais, nouveaux, vieux, vieilles

Hier nun die Preisfrage der Woche: Was ist die weibliche Form von **bien**, und wie lautet der Plural von **mal**?

Ätsch: Beide sind Adverbien, gehören überhaupt nicht hierher und bleiben sowieso immer unverändert.

Das Substantiv und seine Begleiter

Alles in Form? Wunderbar. Dann können wir uns jetzt mit der Frage befassen: Wohin mit den Dingern? Oder eleganter: **Quelle est la place de l'adjectif?**

Das **adjectif épithète*** steht *meistens hinter* dem Substantiv, **après le nom.**

z.B. **une histoire drôle**

une fleur blanche
des costumes noirs

Nur wenige findest du vor dem Substantiv, **avant le nom:**

un bon élève

une mauvaise camarade
un joli garçon
des grands bâtiments
des petites maisons
une belle église
un nouveau moniteur
des vieux professeurs

Das adjectif attribut* steht irgendwo in der Landschaft, wird trotzdem immer angeglichen.

z.B. **Ce livre est intéressant. Cette histoire me semble très belle.**

Ces exercices me sont trop difficiles. **Ces phrases sont longues.**

* wenn du nicht mehr ganz genau weißt, was das heißt: auf Seite 38 nachlesen!

Das Substantiv und seine Begleiter

2.6 Alles oder nichts: tout

Das wäre es nun gewesen, was das Adjektiv angeht, wenn, ja wenn das Wörtchen **tout** nicht wär.

Alles oder nichts – wir wollen alles, also müssen wir uns auch **tout** anschauen, das sich als **adjectif indéfini** durchs Leben schlägt. «Und ich muß mich damit herumschlagen», denkst du dir. So schlimm ist es doch gar nicht.

Vom Klang her gibt es das Wort nur in zwei Formen: [tu] und [tut].

Schriftlich sind es (Vorsicht Diktatfalle!) doppelt so viele,

für [tu] **tout** und **tous**,
für [tut] **toute** und **toutes**.

Die vier Förmchen nimmst du doch locker mit – locker, aber bitte nicht auf die leichte Schulter:

tout begleitet das Substantiv (in der Regel!) in Verbindung mit dem Artikel und drückt dann eine Gesamtheit aus: im Deutschen «ganz» bzw. «alle».

tout le	**toute la**
tous les	**toutes les**

z.B.	**tout le village**	**toute la ville**
	tous les hommes	**toutes les femmes**

> ***Attention:***
>
> ***tout le monde* heißt nicht «die ganze Welt», sondern ... richtig! «jedermann»; «die ganze Welt» wäre... na, nun sag es schon: *le monde entier.***

Da wollen wir doch gleich mal sehen, ob es schon sitzt:

Paris est immense, on ne peut pas voir . . . . . églises, ... places, ... bâtiments modernes, ... marchés, ... musée du Louvre, ... Seine avec . . . . . ponts et . . . . . bouquinistes.

Paris est immense, on ne peut pas voir toutes les églises, toutes les places, tous les bâtiments modernes, tous les marchés, tout le musée du Louvre, toute la Seine avec tous les ponts et tous les bouquinistes.

L'adjectif

Übung/Exercice 11*: Setze Artikel und Adjektive ein. Mets les articles et les adjectifs à la forme correcte.

a) <u>beau, vieux, nouveau</u>

Après le voyage

M. Schmidt raconte à ses amis: «Il y trop de choses à visiter. . . . . . tour Eiffel est très b . . . . . , et on peut monter avec . . . . . n . . . . . ascenseur qui va très vite.

. . . . . v . . . . . tableaux du Louvre sont très intéressants, et il faut visiter . . . . . n . . . . . bibliothèque du centre Pompidou aussi. Il faut toujours mettre . . . . . v. . . . . chaussures. Moi, j'ai pris mes n . . . . . sandales, et j'avais mal au pied pendant tout ce b . . . . . voyage.»

b) <u>pas seulement les couleurs</u>

Les enfants font les magasins

«Regarde ce pull . . . . . , il te plaît?» (blanc)

«Ah non, mais je préfère la robe . . . . . , je trouve les pulls . . . . . trop . . . . . Et puis ils sont toujours . . . . . » (blanc, blanc, triste, sale)

«Et qu'est-ce que tu dis de la jupe . . . . . ? Elle va bien avec mes chemisiers . . . . . » (bleu, rouge)

«Le bleu et le rouge, tu sais, il y a des couleurs plus . . . . . et plus . . . . . » (intéressant, chic)

«Oh, rien ne te va, qu'est-ce que tu as aujourd'hui? Tu es . . . . . ?» (malheureux)

«Excuse-moi, tu as raison. Mes parents trouvent mes notes trop . . . . . et ne me donnent plus d'argent de poche.» (mauvais)

Übung/Exercice 12:** Bitte setze die Adjektive in der richtigen Form an die richtige Stelle. Mets les adjectifs à la forme correcte et à leur bonne place.

Tout le monde a des problèmes

Ramina est une . . . . . fille . . . . . (joli, noir)

Elle est une . . . . . élève . . . . . et elle n'a jamais eu de . . . . . notes . . . . . (très bon, mauvais)

Ramina n'aime pas les . . . . . histoires . . . . . qu'on raconte des Africains en France. (long, triste)

Elle adore rire, et là, on voit ses . . . . . dents . . . . . (beau, blanc)

Ramina a une . . . . . mère . . . . . et un . . . . . père . . . . . qui l'aime beaucoup. (français, africain)

Son problème: Ramina aime sortir avec les . . . . . garçons . . . . . de sa classe, et son père n'aime pas ça du tout. (beau, intelligent)

Lösungen auf Seite 103.

Das Substantiv und seine Begleiter

2.7 Die Mengenangaben: Les quantités

Jetzt ist Mengenlehre angesagt. **Pardon?** Wie bitte? Nein, da hat sich nicht ein Kapitel aus dem Mathebuch hierher verirrt. Die Zahlen lassen wir aus dem Spiel, die sind zu einfach (wobei ich dir nicht verbieten möchte, sie dir mit Hilfe deines Lehrbuchs nochmal vorzuknöpfen, **mais c'est une autre histoire**).

Nun, wie heißt die Regel, die solche Ausdrücke entstehen läßt wie

un kilo de pommes, un paquet de cigarettes, une bouteille d'orangeade, beaucoup de farine, peu de sel, pas de sucre??

Richtig: Mengenangabe + **de** + Nomen

Ob die Menge dabei mehr **(une boîte de)** oder weniger **(assez de)** genau bestimmt ist, macht keinen Unterschied. Daß wir schon bei der Frage eine Angabe machen, ist logisch: **Combien de cigarettes tu fumes par jour?** Und daß **pas de**, **plus de**, **rien de** und **jamais de** dazugehören, ist im Grunde genommen auch klar:

nicht, nicht mehr, nichts, niemals = Menge
null: **pas de, plus de, rien de, jamais de**

Ist die Menge aber total unbekannt, gilt das natürlich nicht. Wenn wir wenigstens wissen, daß es um den Plural geht, haben wir den unbestimmten Artikel **des** zur Verfügung. Was aber passiert, wenn wir wissen, daß... aber nicht was? Wenn wir zudem auch gar nichts zählen können, wie bei Zucker, Mehl und Brot? Dann... also für diesen Notfall kommen uns alte Freunde in neuer Funktion zu Hilfe: unbekannte Menge:

du, **de la**, **de l'**, **des** + Nomen

z. B. **Tu prends du coca-cola, de la limonade ou de l'orangeade? Et peut-être des cacahouètes?**

Quelques quantités

Übung/Exercice 13**

On va faire des crêpes

«Bernard, on a encore . . . . . lait à la maison?»

«Combien . . . . . lait est-ce qu'il te faut? Il y a un demi-litre . . . . . lait au frigo. C'est tout.»

«Oh, ça va aller. Pour . . . . . crêpes il faut juste un peu . . . . . lait.»

«Tu fais . . . . . crêpes? Hm. Je peux t'aider?»

«Avec plaisir. Tu peux déjà préparer toutes les affaires: . . . . . farine, ... sucre vanillé, ... œufs.»

«150 grammes . . . . . farine, ça suffit? Non? Alors on n'a pas assez . . . . . farine à la maison.»

«Zut. Tu vas vite chez l'épicier, s'il te plaît? Et tu nous portes aussi un litre . . . . . lait. Et deux bouteilles . . . . . eau minérale et . . . . . jus . . . . . fruits.»

«Combien . . . . . jus . . . . . fruits?»

«Une bouteille, ça va.»

Bernard n'est pas content. Il a voulu préparer . . . . . crêpes, et maintenant il doit faire . . . . . courses. Juste pour cent grammes . . . . . farine !

Das Substantiv und seine Begleiter

Mais il a . . . . . chance. Chez l'épicier il rencontre son amie Suzanne

A toi. Jetzt bist du dran: Die süße Rache des Bernard Dino. Häng mal schnell noch fünf Sätze dran, und jeweils mit mindestens einer Mengenangabe. Korrigieren überflüssig. Hauptsache es macht Spaß.

. . . .

. . . .

. . . .

. . . .

Lösungen auf Seite 103.

Ein paar *Ausnähmchen* hätten wir hier natürlich auch. Die entdeckst du selbst im folgenden Dialog:

A table

«Tu as fait du thé? Excuse-moi, je ne veux pas de thé.»

«Ce n'est pas du thé, c'est du café. Tu peux le boire sans sucre.»

«Et là, dans la bouteille? Ce n'est pas de la limonade?»

«Non, c'est de l'orangeade.»

«Pardonne-moi, mais je n'aime pas l'orangeade, et je n'aime pas le café non plus, sans sucre ou avec du sucre.»

«Alors mange quelque chose.»

«Merci. Je ne prends pas de biscuits.»

«Ce ne sont pas des biscuits, ce sont des bonbons.»

Das Substantiv und seine Begleiter

Du hast sie wahrscheinlich gut gefunden – auch wenn du sie nicht gut findest:

(ne pas) être + du, de la, de l', des

Ce n'est pas de la limonade. Klar, hier geht es nämlich gar nicht um die Menge, sondern um … nun sagen wir die Identität: Limo, ja oder nein? Noch fragen wir nicht: wieviel?

(ne pas) aimer + le, la, les

Elle n'aime pas le café. Dasselbe wie oben: Es geht um die Sache überhaupt, nicht um die Menge, und gilt natürlich auch für andere Verben, die eine Vorliebe bzw. deren Gegenteil ausdrücken: **aimer mieux, aimer moins, préférer, détester**

sans ohne alles

Elle prend son café sans sucre. Das ist jetzt mal endlich eine richtige Ausnahme! Den Verstand brauchst du hier nicht einzuschalten: Pauken reicht.

Auf alle Fälle gilt in diesem ganzen Kapitel wieder: bloß nicht übersetzen! Sonst kommst du in nullkommanichts durcheinander.

Schreib dir lieber die Regeln auf Merkblätter, jede einzeln und mit dem Beispielsatz … und ab an die Pinnwand. Dann heißt es: Üben, üben, üben!

Toutes les quantités

Übung/Exercice 14***

La visite

«Tu prends . . . . . chocolat chaud?»

«Non, je ne bois pas . . . . . chocolat chaud. Tu sais bien que je déteste . . . . . chocolat. Je préfère . . . . . thé, comme mon père. Il prend toujours . . . . . thé avec . . . . . citron, sans . . . . . sucre.»

«Toujours? Ton père ne boit pas . . . . . bière quand il va au café? Et pas . . . . . vin non plus?»

«Mais non, mon père aime . . . . . vin, d'accord, mais il boit . . . . . vin seulement pendant . . . . . repas. Sans . . . . . repas, il ne boit jamais . . . . . alcool.»

«Toujours . . . . . thé alors. Et toi, tu peux vraiment boire quelque chose . . . . . chaud même quand il fait très chaud?»

«Non, en été, je bois beaucoup . . . . . jus . . . . . fruits, ou bien . . . . . limonade ou . . . . . thé glacé.»

«Et . . . . . orangeade?»

«Ah non, je ne prends pas . . . . . boissons sucrées.»

«Moi non plus, je n'aime pas beaucoup* . . . . . orangeade. Je vais boire un verre . . . . . eau minérale maintenant.»

*Hier geht es um die Tatsache «daß», nicht um die Menge!

Übung/Exercice 15***

Au grand magasin

Monique et Michèle sont au rayon* des meubles. Elles cherchent quelque chose . . . . . beau pour la nouvelle chambre de Monique, mais il n'y a rien . . . . . intéressant. Elles trouvent . . . . . tables et . . . . . bureaux, mais elles ne voient pas . . . . . lampes ni . . . . . étagères. Là-bas, ce ne sont pas . . . . . étagères? Non, ce sont . . . . . rayons* du magasin. Tant pis, elles vont au supermarché du deuxième étage.
«Tu prends un kilo . . . . . poires?»
«Pourquoi pas? J'adore . . . . . fruits. Et toi, tu achètes . . . . . chocolat?»
«D'accord. Mais attention, n'achetons pas . . . . . bonbons. Il y a . . . . . kilos . . . . . bonbons à la maison. Mes parents ne mangent plus . . . . . sucre, tu sais.»

* 1. Abteilung, 2. Auslageregal

Lösungen auf Seite 104.

Übung/Exercice 16 **

Christine a la grippe

Qu'est-ce qu'elle doit manger? Qu'est-ce qu'elle ne doit pas faire? Fais cinq phrases avec des expressions de quantités. Juste pour toi-même.

. . . .
. . . .
. . . .
. . . .

A

3 Reise in die Vergangenheit: *L'imparfait*

Bisher hatten wir uns auf die Gegenwart konzentriert. Und jetzt: ab in die Vergangenheit, auf geht's zu den Spuren von **l'imparfait**. Ein Trost zu Beginn: Mit der Formenbildung gibt es hier überhaupt keine Probleme, die Schwierigkeiten kommen, wenn es ums Anwenden geht, noch früh genug. Kostprobe gefällig?

> Das **imparfait** dient zur Beschreibung von Personen und Landschaften, zur Wiedergabe von Gewohnheiten und zur Darstellung von Hintergrundereignissen und rückt Ereignisse und Zustände in die Vergangenheit, ohne Anfang, Verlauf und Ende näher zu bestimmen.

Wunderbar. Nur beschäftigt uns das erst später. Jetzt interessiert uns, wie du – auch ohne im Anhang nachzusehen – rein formal ins **imparfait** kommst.

Jawohl : Hier brauchen wir die 1. Person Plural Präsens, also die für **nous**, und hängen an den dort vorhandenen Stamm ganz stur die **imparfait**-Endungen dran. Ab geht's:

nous	**pos**	**ons**
	↓	
je	**pos**	**-ais**
tu		**-ais**
il		**-ait**
nous		**-ions**
vous		**-iez**
ils		**-aient**

Reise in die Vergangenheit

No problem. Nur nutzt dir im Diktat wieder das Hinhören nichts; Mitdenken ist gefragt, denn alle Singularformen klingen gleich, und die 3. Plural noch dazu. Köpfchen, Köpfchen!

Nun kann ein Verb sich in den anderen Zeiten so unregelmäßig aufführen, wie es ihm Spaß macht: Im **imparfait** sind sie alle ganz brav. Drum können wir sofort in die Übung einsteigen – außer du würdest dir die Sache in der Verbliste des Anhangs nochmal ansehen wollen. Ist ja nicht verboten. Hauptsache du machst die Liste zu, bevor du diese Übungsseite aufschlägst.

Les formes de l'imparfait

Übung/Exercice 17*: Setze ganz einfach diese Verbformen ins imparfait. Mets les formes à l'imparfait.

je répète ....
elle écrit ....
ils jettent ....
vous criez ....
tu sais ....
ils vivent ....
j'appelle ....
il faut ....
nous croyons ....
ils doivent ....
je cours ....
elle choisit ....
nous faisons ....
il pleut ....

tu veux ....
ils commencent ....
vous connaissez ....
elles viennent ....
vous dites ....
elles prennent ....
tu dors ....
elle voit ....
elles boivent ....
tu paies ....

Übung/Exercice 18**

Que faisaient tes grands-parents avant la guerre?

Was taten deine Großeltern wohl vor dem Krieg? Sie haben dir sicherlich von ihrer Arbeit erzählt und von ihrer Freizeit. Schreibe zehn Sätze auf und benutze dabei die angegebenen Verben.

Fais dix phrases à l'imparfait. Parle de leur travail, de leur famille, de leur temps libre. Emploie les verbes suivants: acheter, aller, avoir, écrire, espérer, être, manger, pouvoir, prendre, vouloir

....
....
....
....
....
....

Lösungen auf Seite 105.

4 Die Verkürzung von Verbergänzungen: *Le pronom complément d'objet et l'adverbe pronominal*

Das Präsens ist dir sicher, und ein Mensch mit Vergangenheit bist du auch schon – zumindest was die Wiederholung angeht. Das Substantiv kannst du perfekt ausschmücken, aber sei mal ehrlich: Auch bei dem Inhalt von Sätzen gilt «je mehr, desto lieber». Worauf das alles hinausläuft? Auf die Ergänzungen des Verbs, **naturellement**. Daß du – wie den Artikel beim Substantiv – die direkten und indirekten Anbindungsmöglichkeiten eines Verbs immer gleich mitlernen mußt, hast du wohl schon schmerzlich erfahren. Du mußt also immer wissen:

Kommt nach dem jeweiligen Verb
quelque chose (qc), **à quelque chose**, **de quelque chose**?
quelqu'un (qn), **à quelqu'un**, **de quelqu'un**?
Oder eine Kombination davon? Oder gar nichts?

Intransitive Verben – d.h. solche, die gar kein Objekt nach sich ziehen können – wie **aller**, **partir**, **nager** ersparen uns diese Lernerei.

Die Verkürzung von Verbergänzungen

Doch wie geht's weiter nach den garantiert transitiven Verben?

acheter ....

aider ....

demander ....

dire ....

écrire ....

s'intéresser ....

jouer ....

lire ....

parler ....

raconter ....

se rappeler ....

se souvenir ....

acheter qc à qn, aider qn, demander qc à qn, dire qc à qn, écrire qc à qn, s'intéresser à qc/à qn, jouer à un jeu/d'un instrument, lire qc à qn, parler à qn, raconter qc à qn, se rappeler qc/qn, se souvenir de qc/qn

Ob du sie alle richtig hattest?

Dann kannst du sie dir bei der Wiederholung schenken. Ansonsten viel Spaß mit den folgenden Seiten.

Die Verkürzung von Verbergänzungen

4.1 Verben mit Objekt:
Quelques verbes avec un complément d'objet

Zuerst die Verben mit direktem Objekt: **Quelques verbes avec un complément d'object direct:**

aider qn
apprendre qc
attendre qn/qc
boire qc
connaître qc/qn
croire qn/qc
faire qc
finir qc
prendre qc
se rappeler qc/qn
remercier qn
voir qc/qn

Verben mit indirektem Objekt und möglicherweise einem direkten Objekt dazu sind: **Quelques verbes avec un complément d'objet indirect (et peut-être direct en plus):**

acheter qc à qn
apprendre qc à qn*
demander qc à qn**
dire qc à qn
envoyer qc à qn
jouer à qc***
lire qc à qn
payer qc à qn
préférer qc à qc/qn à qn
plaire à qn
rendre qc à qn
répondre à qn

Du siehst, manchmal sind sie gleich wie im Deutschen, manchmal gefährlich verschieden. Bevor du sie nicht mega-super intus hast:

Auf keinen Fall weitermachen! En aucun cas!

* jdm. etw. beibringen ** jdn. um etw. bitten *** ein Spiel spielen

Die Verkürzung von Verbergänzungen

4.2 Das direkte und das indirekte Objektpronomen: Le pronom complément d'objet direct ou indirect

Bleiben wir aber vorerst einmal bei den Verben mit *direktem Objekt* – mit Akkusativobjekt, wenn dir der Ausdruck besser liegt. Also ein Objekt, nach dem du im Deutschen mit «*wen oder was?*» fragst: **le complément d'objet direct.** Das ersetzen wir durch

me
te
le, la*
nous
vous
les*

z.B. **Tu lis le journal? – Non, pas en ce moment, je le lis ce soir.**
Tu regardes les photos? – Oui, je les regarde dans une minute.
Tu m'aides? – OK, je t'aide tout de suite.**

* Sie gelten für alle (durch **le**, **ce**, **son** usw.) bestimmten Substantive.
** Bindungsfähig sind sie natürlich auch: **m'**, **t'**, **l'**.

Beim *indirekten Personenobjekt,* **le complément d'objet indirect,** (Frage «*wem?*») sieht es nur an zwei Stellen anders aus.

me
te
lui*
nous
vous
leur*

* **masculin** oder **féminin**

z.B. **Tu dis tes notes à ta mère? – Bien sûr, je lui dis mes notes tout de suite.**
Tu parles à ton père? – Je lui parle tout à l'heure.
Tes cheveux plaisent à tes parents? – Oui, mes cheveux leur plaisent.

Die Verkürzung von Verbergänzungen

Bei den *reflexiven Verben,* den **verbes pronominaux**, wie **se rappeler,** wird es noch einfacher, und ob das *Reflexivpronomen direkt ist oder indirekt,* ist uns hier mal noch ganz egal:

me
te
se
nous
vous
se

z.B. **Vous vous rappelez votre premier prof d'anglais? Oui, nous nous rappelons ce prof.**

Super. Was passiert aber, wenn wir beide Objekte gleichzeitig ersetzen wollen? **C'est une autre histoire.** Da geht nämlich viel, aber nicht alles: Kombinieren kannst du – und zwar nur in der angegebenen Reihenfolge

me	**le**
te	**la**
se	**les**
nous	
vous	

z.B. **Il se lave les mains? Oui, il se les lave.**
Vous nous portez les chaises? D'accord, nous vous les portons.

und

le	**lui**
la	**leur**
les	

z.B. **Tu dis la vérité à ton prof? Bien sûr, je la lui dis.**
Vous rendez les clés aux voisins? – Mais oui, nous les leur rendons.

Die Verkürzung von Verbergänzungen

Tip

Wie du sie dir am besten merkst, ist deine Sache. Was ist dir lieber? «me, te, se, nous, vous vor le, la, les; le, la, les vor lui und leur.»

Oder hättest du lieber alles einzeln im Ohr? Dann bitteschön: «me le, te le, se le, nous le, vous le» und so weiter.

Oder wie wär's mit einem Fähnchen?

me te se nous vous	le la les	lui leur

Hier kannst du dann die erste und die zweite Spalte kombinieren oder die zweite und die dritte, niemals aber die Nummern eins und drei.

me te se nous vous	le la les	

	le la les	lui leur

Vielleicht hast du ja selbst eine viel bessere Merkmethode.

Die Verkürzung von Verbergänzungen

Le pronom complément d'objet

Übung/Exercice 19*: Schreib bitte die folgenden Sätze noch einmal, diesmal aber mit Objektpronomen (der Teil in Klammern ist nur für deine Vorstellungskraft da, den läßt du beim Ersetzen weg). Ecris ces phrases en remplaçant les compléments objet par des pronoms.

Ce soir, chez les Laroche

Pierre parle à ses parents.
son ami.
son amie.

Marguerite répond à son oncle (qui a écrit la semaine dernière).
ses correspondantes.

Les parents aident leur voisin (à transporter des meubles).
leurs voisins (qui vont déménager).

Mme Leroc remercie sa sœur (de sa lettre).
les enfants (du travail dans le jardin).

M. Leroc demande la voiture à son frère.
les clés du garage à ses parents.

Le chien demande à Marguerite de faire une promenade.

Übung/Exercice 20*:** Folgender Text stammt von einem Menschen, der noch nicht mit dem Lern-Trainer Französisch gearbeitet hat. Korrigierst du ihn bitte? Sei ruhig streng… Tu corriges, s'il te plaît?

Un soir, chez les Mulot

Les parents sont sortis. Les enfants regardent au film de science fiction de minuit: «Mort sous la douche, en exclusivité de la lune.» Vous lui connaissez? Suzanne a peur, elle demande son frère: «Tu peux arrêter à la télé? C'est affreux.» Jean la répond: «Mais qu'est-ce que tu as? Je connais à une petite fille qui voit à tous les films avec son frère et cela la plaît beaucoup.» Suzanne ne croit pas à son frère, elle ne lui croit jamais, et puis, cela ne lui intéresse pas: «Si tu n'arrêtes pas je dis Maman que tu regardes à la télé si tard.»

Lösungen auf Seite 105.

A

4.3 Die Pronominaladverbien: Les adverbes pronominaux

Bisher haben wir in der Regel Personenobjekte ersetzt, direkte und indirekte.
Nun, zwischendrin war mal ein Sachobjekt dabei, und zwar jeweils als direktes Objekt und schön mit dem bestimmten Artikel. Jetzt müssen wir aber genauer hinschauen.

Die Verkürzung von Verbergänzungen

Mit **à** angeschlossene Ausdrücke sind, wie du weißt, nicht unbedingt Objekte, und wir können sie *auf keinen Fall mit dem Objektpronomen* ersetzen,
a) wenn es um Sachen geht (da fragen wir ja auch nicht «wem?» sondern «woran?» oder so was)
b) wenn es sich um *Orte* dreht («wo, wohin?»).

Wir haben auch noch das nette Wörtchen **de** als Ergänzungseinleitung zur Verfügung; diese Ausdrücke müssen wir schließlich genauso ersetzen können.

Hier bieten sich zwei klitzekleine Wörtchen mit einem schrecklich langen Namen an: die Pronominaladverbien **en** und **y**.

Sie sind wunderbar praktisch, denn in der Regel gilt:

Was von **de** kommt, wird **en**,
was von **à** stammt, wird **y**.

Aber es gibt Zusätze zu dieser Regel, **il faudrait ajouter que**:

Unbestimmte Mengen
werden ebenfalls durch **en** ersetzt.

z.B. **Tu prends du café? Oui, j'en prends.**
Tu fumes des cigarettes? – Oui, j'en fume.

*Mengen*angaben, auch Zahlen,
werden trotz **en** wieder *aufgenommen.*

z.B. **Combien de pommes prenez-vous? – J'en prends deux kilos.**

Für Personen gelten **en** und **y** *nicht.*

z.B. **Il parle de nos vacances? – Oui, il en parle.** Aber: **Il parle de nos parents? – Il parle d'eux.***
Il pense à ses vacances? – Oui, il y pense. Aber: **Il pense à sa mère? – Oui, il pense à elle.**

* Mehr über diese Pronomina findest du ab Seite 70.

Die Verkürzung von Verbergänzungen

Und **y** ersetzt *auch andere* Präpositionen, **dans**, **sur** etc.

z.B. **Elle est sur le toit. – Elle y est vraiment?**

Beachte: **en** und **y** stehen immer *unmittelbar vor dem Verb.*

z.B. **Vous avez vu le prof au restaurant? – Oui, nous l'y avons vu. Elle donne des crevettes aux chats? – Et oui, elle leur en donne beaucoup.**

Die Kombination **y** und **en** ist nur bei **il y en a** möglich.

z.B. **Il y a des chiens dans votre maison? – Mais oui, il y en a.**

Leider mußt du auch hier **quelques spécialités** beachten: *Verneinen* solltest du können. Kein Problem: die Verneinungsumklammerung schließt auch die «*Kleinigkeiten*» mit ein.

ne	***me*** ***te*** ***se*** ***nous*** ***vous***	***le*** ***la*** ***les***	***lui*** ***leur***	***y*** ***en***	***pas***

z.B. **Elle ne lui en parle pas. Nous n'en prenons jamais rien. Ils ne s'y mettent plus.**

Und die *Hilfsverben*? Wie gehen die mit den Pronomen um? Da hilft uns der Sinn weiter.

Beim **passé composé** stehen die *Objektpronomen* sowie **en** und **y** *vor dem konjugierten Verb.*

z.B. **J'y suis allée. Je leur en ai parlé.**

Beim **futur proche** und bei den *modalen Hilfsverben* stehen die *Objektpronomen* sowie **en** und **y** *vor dem Infinitiv.*

z.B. **Je vais y aller. Je ne veux pas leur en parler.**

Gib es zu: Die Namen sind schlimmer als die Sache selbst. Aber durchgehen solltest du alles doch noch ein-, zwei-, dreimal, bevor du die nächsten Übungen machst. Und Merkzettel anfertigen – um alles gut vor Augen zu haben. Denn so einfach ist es dann

Die Verkürzung von Verbergänzungen

Le pronom complément d'objet et l'adverbe pronominal

Übung/Exercice 21*: Hier brauchst du kaum etwas zu tun… außer jeden Satz der linken Spalte mit jeweils dem passenden der rechten Spalte zu verbinden, der ihn ersetzt. Combine les phrases, s'il te plaît.

1. **Georges envoie deux lettres à son père.**
2. **Georges envoie des cartes à des amis.**
3. **Les Dutronc remercient les Leroc de leur cadeaux.**
4. **Les Dutronc remercient les Leroc devant la porte.**
5. **Il faut des tickets aux visiteurs.**
6. **Il faut un ticket à Gisèle.**
7. **Mme Biche aime aider ses enfants.**
8. **Mme Biche n'aime pas aider son mari à la cuisine.**
9. **Carine montre ses timbres à ses amies.**
10. **Carine montre des timbres à son oncle.**

a) **Il leur en faut.**
b) **Elle aime les aider.**
c) **Il lui en envoie deux.**
d) **Elle lui en montre.**
e) **Il lui en faut un.**
f) **Il leur en envoie.**
g) **Elle les leur montre.**
h) **Ils les en remercient.**
i) **Elle n'aime pas l'y aider.**
k) **Ils les y remercient.**

Bevor du dich an die folgenden Übungen wagst, mach erst eine große Pause.

A

Die Verkürzung von Verbergänzungen

Übung/Exercice 22:** Bitte setze das richtige Objektpronomen bzw. Pronominaladverb ein. Pronom complément d'objet ou adverbe pronominal?

Martine va à Paris

«Cette semaine, je vais à Paris.»

«C'est vrai? Tu . . . . . vas enfin? Pour quoi faire?»

«Je vais voir mon frère.»

«Tu vas . . . . . voir à Paris? Tu n'as pas peur de . . . . . aller toute seule?»

«Mais pas du tout. Je ne . . . . . ai pas peur. De toute facon, il attend toujours ses visites à la gare.»

«Et toi, il va . . . . attendre aussi?»

«Bien sûr.»

«Qu'est-ce que tu portes à ton frère?»

«J'aimerais . . . . . porter des romans policiers.»

«Combien?»

«Je vais . . . . porter trois ou quatre.»

«Ce n'est pas trop cher?»

«Penses-tu. Mes parents . . . . paient.»

Die Verkürzung von Verbergänzungen

Übung/Exercice 23***

Le grand cocktail – nur für Fitte!

Hier hat ein Lehrer aus einer Klassenarbeit zum Thema «Ersatz von Verbergänzungen» Sätze gesammelt, richtige und falsche. Deine Aufgabe besteht zuerst einmal im Sortieren: die guten ins Töpfchen, und die schlechten … also die falschen nimmst du dir vor und schreibst sie richtig auf. Denk dran: Es geht hier jeweils um 1. das richtige Wort, 2. die richtige Reihenfolge, 3. die richtige Stelle im Satz.

1. **Les enfants doivent parler leurs parents. –**
   Ils vont leur parler ce soir.
2. **Les amies sont parties. –**
   Jean et Thomas ne leur peuvent plus parler.
3. **Sabine aimerait oublier ses mauvaises notes. –**
   Elle n'y veut plus du tout penser.
4. **Chantal a peur descendre la cave. –**
   Elle n'y est pas encore descendue.
5. **Les touristes demandent le chemin les enfants dans la rue. –**
   Ils le leur demandent.
6. **Marie-Ange sait montrer le chemin aux touristes. –**
   Elle le leur sait montrer.
7. **On ne peut monter pas sur le toit du Sacré Cœur. –**
   Il n'est pas possible d'y monter.
8. **Il ne parle pas de son interrogation à son père. –**
   Il n'y lui parle pas.

Lösungen auf Seite 106 f.

Die Verkürzung von Verbergänzungen

4.4 Das betonte und unverbundene Personalpronomen: Le pronom tonique et disjoint

Wie du weißt, gelten die Subjektpronomen (**je** usw.) nichts ohne ein Prädikat; und wie du soeben wiederholt hast, verschwinden die Objektpronomen vor dem Verb im Satz. Viel Ton haben sie alle nicht. Nun kann es ja mal sein, daß wir uns mit etwas mehr Stimme behaupten müssen:

z.B. **Qui voudrait de la glace? – Nous tous.**
Qui est-ce? C'est toi? – Oui, c'est moi.

Ja, und das ist es schon, das *betonte Personalpronomen,* **le pronom tonique** oder auch **accentué**. Wenn kein Verb in Sicht ist, heißt ein einsames Pronomen auch *unverbundenes Personalpronomen,* **pronom disjoint.**

Weißt du noch die ganze Liste? Aber sicher:

moi
toi
lui, elle
nous
vous
eux, elles

z.B. **C'est les Muller qui arrivent? – Oui, c'est eux.**

Natürlich können wir es auch noch anderweitig verwenden. An **c'est** (für die 3. Person Plural geht auch **ce sont**) können wir *Nebensätze* anhängen. Da müssen wir nur beim nachfolgenden Verb *die Endung ans Pronomen angleichen.*

z.B. **C'est vous deux qui allez au cinéma? – Non, c'est moi tout seul qui y vais.**

Auch *nach Präpositionen* wird es uns gute Dienste leisten. Hier kommt für *Indefinita* (z.B. das unbestimmte Pronomen **on**) noch **soi** hinzu.

Die Verkürzung von Verbergänzungen

z.B. **Ce livre est à elles? – Non, il est à moi.**
Il ne faut pas seulement penser à soi.

Aber jetzt wird es heikel. Fast schon muß ich mich dafür entschuldigen, daß ich dir so etwas überhaupt präsentiere: **Pardonne-moi.** Hier hilft nur eins: auswendig lernen – und zwar *in Beispielen,* sonst ist gleich alles wieder weg.

Manchmal haben wir nämlich mit Pronomen zu tun, auf denen zwar der Ton liegt, die aber *nicht* vom Verb *losgelöst* sind, die sich z.B. am Verb mit einem Bindestrich festhalten. Die sind von der Form her eine Mischung zwischen unverbundenem und «normalem» Objektpronomen. Und schon sind wir wieder beim Unterschied zwischen direktem und indirektem Objekt.

Wir brauchen sie beim *bejahten Befehl,* bei **l'impératif à la forme affirmative.** Das sieht dann so aus:

direkt	*indirekt*
moi	**moi**
toi	**toi**
le, la	**lui**
nous	**nous**
vous	**vous**
les	**leur**

Du wolltest dir ja jeweils ein Beispiel im Ohr festmachen:

aide-moi	**demande-moi**
aide-toi	**demande-toi**
aide-le, aide-la	**demande-lui**
aide-nous	**demande-nous**
aidez-vous	**demandez-vous**
aide-les	**demande-leur**

Die Verkürzung von Verbergänzungen

z.B. **Je sers d'abord les invités? Oui, sers-les tout de suite, sers-moi après. Qu'est-ce que je nous mets, aux enfants et à moi? – Mets-toi du vin, et mets-leur de l'eau.**

Ein schwacher Trost gefällig? Beim *verneinten Imperativ,* **l'impératif à la forme négative**, läuft alles *wie im Aussagesatz,* weil die Verneinungsumklammerung **ne pas** alles schön beisammen hält.

z.B. **Ne le leur dis pas. Ne leur en donnez pas.**

Auch **en** und **y** bleiben sogar beim bejahten Imperativ verschont. Was soll man an den beiden auch ändern? Da könnte höchstens ein Problem mit der *Bindung* auftauchen, wenn wir sie ans Verb hängen. Bei **cours-y, prends-en, allez-y** natürlich nicht, da ist **la liaison** naturgegeben.

Wo **la liaison** nicht automatisch vorhanden ist – nämlich beim Imperativ der Verben auf -er –, müssen wir sie *möglich machen*:

mange! —> **manges-en!**
pense! —> **penses-y!**
va! —> **vas-y!**

Wenn natürlich ohnehin etwas zwischen dem Verb und **en** oder **y** eingeschoben ist, brauchen wir das Zwischen-s nicht:

donne-m'en! **va-t'en!**

So ganz sind wir aber noch immer nicht fertig. Wir können auch beim Imperativ *zwei Pronomen* miteinander verbinden. Für den Fall der Fälle solltest du wissen: Das *direkte Pronomen* (klar, darum heißt es ja so) bleibt immer *direkt beim Verb*:

Imperativ	–	**le**	–	**moi**
	–	**la**	–	**toi**
	–	**les**	–	**lui**
			–	**nous**
			–	**vous**
			–	**leur**

Die Verkürzung von Verbergänzungen

z.B. **Je voudrais ton cahier d'anglais. Donne-le-moi, s'il te plaît.**
Les enfants voudraient les ballons. – Eh bien, donne-les-leur.

Die Beispiele bitte auswendig lernen!

Nun ist aber wirklich Schluß damit. Halt: ein bißchen Übung braucht der Meister!

Les pronoms toniques et disjoints

Übung/Exercice 24*: Bitte beginne die Antworten mit C'est... oder Ce n'est pas... Commence tes réponses par C'est... ou Ce n'est pas...

À l'auberge ...

1. **Qui fait la vaisselle aujourd'hui? C'est toi, Monique? – Oui, ...**
2. **Qui essuie les tables? C'est les garçons? – Non, ..., c'est Janine et Suzanne.**
3. **Qui met le couvert? C'est Pierre et Georges? – Oui, ...**
4. **Sylvie et Frank, c'est vous qui m'aidez à transporter la table? – Oui, ...**
5. **C'est Sophie et Brigitte qui font le service? – Oui, ...**

Die Verkürzung von Verbergänzungen

A

Übung/Exercice 25:** Beantworte die Fragen mit dem Imperativ und ersetze dabei sinngemäß die in der Frage unterstrichenen Ausdrücke.

Beispiel: Je peux me servir? – Bien sûr, sers-toi.
Réponds aux questions avec un impératif, et remplace les expressions soulignées en même temps.

À l'auberge aussi

1. **Nous pouvons prendre des boules? – Oui, ...**
2. **Je peux jouer au ballon? – Mais oui, ...**
3. **Nous pouvons faire du vélo? – Pourquoi pas, ...**
4. **On regarde le film de minuit? – Mais non, ...**
5. **Je peux m'inscrire au cours de danse? – Bien sûr, ...**
6. **On peut écrire cette carte au prof d'anglais? – Super, ...**
7. **Je peux dire son adresse aux autres? – Oui, ...**
8. **Nous pouvons prendre le thé au jardin? – Oui, ...**
9. **On peut mettre les tasses par terre? – Oui, ..., mais ne . . . . . sur la table après.**

Lösungen auf Seite 107.

5 Der nächste Schritt in die Vergangenheit: *Le passé composé*

En route

Ce matin Mme et M. Reynaud, en vacances en Bretagne, ont quitté Saint Malo très tôt pour visiter le Mont Saint Michel. A la sortie de la ville, ils ont vu deux jeunes filles au bord de la route.

M. Reynaud a regardé sa femme et lui a demandé:

«Ces belles filles, on ne les a pas déjà vues faire de l'auto-stop sur cette route?»

Mme Reynaud ne s'est pas rappelé ces filles.

«C'est toi qui vois toujours les jolies filles, pas moi.»

«On les prend?»

«Ce n'est pas moi qui décide. La voiture est à toi.»

M. Reynaud s'est fâché.

«Ne recommence pas. Tu sais bien que ce n'est pas là le problème.»

Les filles ont dû attendre, M. Reynaud n'a plus voulu parler à personne. Alors il a mis la radio. «Ici Fréquence Le Mans. Attention. La police recherche deux jeunes femmes en auto-stop. Elles ont déjà arrêté plusieurs voitures sur les routes de Bretagne. Les conducteurs les ont emmenées, elles se sont assises derrière, ont raconté leur vie, et quand elles sont descendues, les conducteurs ont remarqué qu'elles leur avaient volé leurs papiers: passeport, cartes de crédit etc. Attention, attention.»

M. Reynaud a arrêté la radio tout de suite, mais Mme Reynaud n'a pas fait de commentaire.

Der nächste Schritt in die Vergangenheit

Das hätte eine schöne Bescherung gegeben, was? Und… vielleicht ist ja für dich der Text eine schöne Bescherung. Na, was sagt dir dein Gedächtnis? Richtig: Hier geht es ums **passé composé**. Und du hast völlig recht: Da ist praktisch alles reingepackt, was einem so begegnen kann, wenn man sich auf die Spuren der Vergangenheit begibt. Und wir werden in diesem Kapitel gemeinsam und gründlich Spurensicherung betreiben.

Dann überleg dir mal kurz zur Einstimmung, was du noch weißt. Was du in der Schule gut gekonnt hast, aber auch was dir in schlechter Erinnerung geblieben ist. Sagen dir Schlagwörter wie «Hilfsverben» und «Veränderlichkeit des Partizips» etwas? Mach dir doch den Spaß und lies den obenstehenden Text unter diesen Gesichtspunkten noch einmal durch. Daraufhin machst du dir eine Themenliste: «Mein» **passé composé.** Ich garantiere dir, all deine Ideen werden auf den folgenden Seiten wieder aufgegriffen.

Daß du dich jetzt so gut fühlst wie ein Fisch im Wasser, **comme un poisson dans l'eau**, war nicht zu erwarten. Durchatmen und… ran!

5.1 Die Bildung des Perfektpartizips: La formation du participe passé

Ein **passé composé** besteht aus mehreren Teilen. Das Verb, das die Bedeutung trägt, ist in der Form des **participe passé** vertreten, das du aus dem Englischen als past participle bzw. als dritte Form in den schlimmen Listen der unregelmäßigen Verben kennst (nichts gegen Listen, wir haben auch welche im Anhang). Im Französischen gibt's auch Schöneres, aber wir wollen nicht meckern: Wir nehmen den Infinitiv, schneiden dessen Endung ab und hängen dafür die Partizipendung dran. **C'est tout.**

Der nächste Schritt in die Vergangenheit

Die Verben auf -er bilden ihr **participe passé** mit -é:

> **regarder** —> **regardé**, **appeler** —> **appelé**,
> **aller** —> **allé**

Die Verben auf -ir enden im **participe passé** mit -i:

> **finir** —> **fini**, **partir** —> **parti**

Das **participe passé** der Verben auf -re endet mit -u:

> **attendre** —> **attendu**, **descendre** —> **descendu**.

Auf eine Einschränkung hast du schon gewartet, hier ist sie: in der Regel ist es so. Und zur Regel gibt es reihenweise Ausnahmen, weswegen du aus Sicherheitsgründen bei neuen Wörtern immer das Partizip mitgelernt hast.

Der nächste Schritt in die Vergangenheit

Wie war das doch noch mit…

voir, pouvoir, avoir, pleuvoir, savoir, boire, lire, plaire, devoir, vouloir, falloir, courir, vivre, venir? . . . .

. . . .

. . . .

. . . .

Mit **écrire, dire, faire?** . . . .
Mit **prendre, mettre, asseoir?** . . . .
Und **être?** . . . .
Und **offrir?** . . . .
Rire? . . . .

Richtig, die Zeilen haben System:

vu, pu, eu, plu, su, bu, lu, plu, dû, voulu, fallu, couru, vécu,
venu
écrit, dit, fait
pris, mis, assis
été
offert
ri

Der nächste Schritt in die Vergangenheit

5.2 Die Hilfsverben: Les verbes auxiliaires «avoir» et «être»

Ein Partizip kommt selten allein, und das Hilfsverb zur Bildung des **passé composé** heißt sehr, sehr häufig **avoir**.

Na dann setze doch so im Vorbeigehen mal schnell folgende Präsensformen ins **passé composé**:

je danse	**il boit** ....
elle fait	**ils courent** ....
nous rions	**vous dites** ....
elles savent	**il faut** ....
ils peuvent	**il pleut** ....
elle ouvre	**tu veux** ....
je dois	**il vit** ....
nous mettons	**je lis** ....

Trop simple pour toi, n'est-ce pas? Oder, wie der Deutsche sagt: total easy.

j'ai dansé, il a bu, elle a fait, ils ont couru, nous avons ri, vous avez dit, elles ont su, il a fallu, ils ont pu, il a plu, elle a ouvert, tu as voulu, j'ai dû, il a vécu, nous avons mis, j'ai lu

Weißt du auch noch, wie es um die Verneinung, **la négation**, steht? Hier ist sie:

Die Verneinungsklammer umschließt,
wie gehabt, das konjugierte Verb.

z.B. **Elle n'a pas ouvert, nous n'avons pas voulu etc.**

Der nächste Schritt in die Vergangenheit

Diese Regel ist unerbittlich auf Konstruktionen mit *modalen Hilfsverben* zu übertragen. Was war das noch? Ach ja: **vouloir, pouvoir** etc., na klar.

z.B. **Il n'a pas voulu venir, elle n'a plus pu payer, ils n'ont jamais su répondre.**

Adverbien schlüpfen – dem Sinn entsprechend – möglicherweise zwischen konjugiertes Verb und Partizip.

z.B. **Il n'est pas encore rentré, elle n'a vraiment pas pu sortir.**

Leider weißt du aber auch: Es geht noch anders.

Verben, die eine Bewegungsrichtung ausdrücken, bilden ihr **passé composé** *mit* **être**.

aller	**arriver**	**descendre**	**entrer**
monter	**mourir**	**naître**	**partir**
retourner	**sortir**	**tomber**	**venir**

Wenn du dabei ein bißchen nachdenkst, dämmert dir gleich, warum in dieser Liste Verben wie **nager** nicht auftauchen. Bei den Verben der Bewegungs*richtung* geht es nämlich in erster Linie – klar, um die *Richtung*. **Tomber** heißt nunmal automatisch: «Richtung nach unten», **sortir** bedeutet «Richtung draußen», **naître** (geboren werden) beinhaltet «wohin? ins Leben» und **mourir** (sterben) «wohin? raus aus dem Leben», so traurig es ist.

Bei anderen Bewegungsverben kommt automatisch mehr an Bedeutung dazu, bei **nager** «im Wasser», bei **courir** «schnell»... und so werden Verben dieser Art nicht mit **être**, sondern mit **avoir** konjugiert.

z.B. **Il est arrivé dans la piscine, et il a nagé une heure.**

Der nächste Schritt in die Vergangenheit

Hier schließt sich dann auch gleich eine Besonderheit an:

> *Bei mit* **être** *konjugierten Verben gleicht sich das Partizip dem Subjekt an* (wie das Adjektiv).

z.B. **Elle est allée, nous sommes arrivé(e)s, elles sont entrées, il est parti, vous êtes sorti(e)s**

Auch hier hat die Logik Vorrang. Das Partizip richtet sich auch nach der versteckten Bedeutung, z.B. von **je**, **tu**, **nous** und **vous**. So sagt Pierre: **«Je suis parti»**, aber Suzanne meint: **«Je suis partie.»**

Viel Spaß bei der Anrede.

z.B. **M. Dupont, vous êtes arrivé tôt. – Madame Dupont, vous êtes arrivée tôt.**
M. et Mme Dupont, vous êtes arrivés tôt. – Mme Dupont et Mme Laroche, vous êtes arrivées tôt.

Le passé composé: être oder avoir, das ist die Frage

Übung/Exercice 26*: Ab ins passé composé bitte. Mets les formes au passé composé.

elle répète ....
ils vont ....
nous descendons .... (Nadine et sa mère)
nous courons .... (Nadine et sa mère)
elles ne viennent pas ....
M. Leroc, vous partez ....

Der nächste Schritt in die Vergangenheit

Nadine, tu as ....
Nadine, tu es ....
il pleut ....
les filles, vous ne lisez pas ....
les filles, vous devenez ....
je dois partir ....
ils ne rendent pas ....
elle ne veut plus sortir ....

Übung/Exercice 27:**

Diesen Brief schrieb Peter an seinen Cousin François, als er nur die Präsensformen kannte. Inzwischen kann er es besser. Was würde er jetzt schreiben? Bitte setze seinen Brief ins passé composé. Mets cette lettre au passé composé.

Cher François,

Les vacances commencent. Ma mère et moi allons en ville. Il faut faire les courses. Maman achète un cadeau pour mon correspondant anglais. Qu'est-ce que nous prenons? Il faut acheter un livre sur Köln (Cologne), bien sûr. Il n'a pas encore ce livre.
Ensuite je monte dans ma chambre et je fais mes bagages. Qu'est-ce que je mets dans la valise? C'est vraiment un problème. Quand papa pèse la valise, maman voit: 20 kilos. Elle dit: «C'est trop.» Alors je recommence. Je suis content de partir quand même.

A bientôt. Ton cousin Peter

Der nächste Schritt in die Vergangenheit

5.3 Die Angleichung des Partizips: **L'accord du participe avec avoir**

Wie heißt es in unserem Text auf Seite 75:

M. Reynaud a regardé sa femme et lui a demandé: «Ces belles filles, on ne les a pas déjà vues?»

Von der Stimmung zwischen den Ehepartnern abgesehen: Was ist dir aufgefallen?

In der Tat, da tut sich was: das Partizip Perfekt, **le participe passé** verändert sich in manchen Zusammenhängen auch bei der Konjugation mit **avoir**.
Wann denn? Die Regel weißt du bestimmt noch:

Das **participe passé** richtet sich bei den mit **avoir** konjugierten Verben nach dem vorangegangenen direkten Objekt.

Anders gesagt: Nur wenn sich ein *direktes* Objekt (Akkusativobjekt, Frage «wen oder was?») vor dem Verb herumtreibt, müssen wir uns Gedanken machen. Steht *nichts davor*, tut sich *nichts* **(M. Reynaud a regardé sa femme)**. Steht ein indirektes Objekt davor (Dativ, Frage «wem?» **Il lui a demandé ...**) oder auch ein **en** oder **y**, passiert logischerweise ebenfalls nichts. Stehen zwei davor, richtet sich das Partizip nach dem direkten Objekt.

Daher Augen auf bei vorangehendem direktem Objekt!

z.B. **Tu a lu les cartes postales des cousins? Oui, je les ai lues. Tu les as montrées aux parents aussi? Non, je ne les leur ai pas encore montrées. Mais je leur en ai parlé.**

Jetzt bist du aber mächtig froh, daß du im Kapitel «Objektpronomen» eine ganze Latte Verben mit ihrem jeweiligen Objekt wiederholt hast, was? Oder schaust du dort lieber nochmal nach, bevor du hier weitermachst? Ich würde an deiner Stelle auf Nummer sicher gehen.

Der nächste Schritt in die Vergangenheit

Nun wäre es ganz reizend, wenn das direkte Objekt, **l'objet direct**, immer nur in der Form des Objektpronomens (**le pronom complément d'objet direct**) erscheinen würde. Dann würden wir nach **le**, **la**, **les** Ausschau halten und uns nur noch bei **me**, **te**, **nous**, **vous** fragen müssen: «direkt oder indirekt?» Aber ansonsten wären wir auf der sicheren Seite. Leider muß ich dir mitteilen: Wir sind es nicht; das Objekt kann auch anderweitig vor dem Verb auftauchen.

Achtung: Frage!

z.B. **Combien de filles a-t-il vues? – Il en a vu deux. Il les a trouvées jolies.**
Quelles filles a-t-il emmenées? – Il n'a pas du tout emmené les filles qu'il a vues.

So unangenehm die Sache auch ist, logisch ist sie. Denn dem Partizip ist es völlig gleichgültig,

– ob das vorangehende direkte Objekt ein *Objektpronomen* ist,
– ob es in der *Fragekonstruktion* nach vorn gerutscht ist (**combien de filles**),
– oder ob es im *Relativpronomen* steckt (**les filles que ...**).

Hüte dich also davor, Fragen auf die leichte Schulter zu nehmen.

z.B. **Qui est-ce que tu as déjà vu? – Trois garçons.**
Quels garçons as-tu vus? – Simon, Luc et Jean-Louis.

Vor allem aber heißt es «Holzauge sei wachsam!» beim Relativpronomen **que**. **Que** beinhaltet bekanntlich das direkte Objekt des Relativsatzes, bezieht sich aber auf einen Teil des Hauptsatzes, dessen Zahl und Geschlecht du dem netten, kleinen **que** nicht ansiehst.

z.B. **J'ai parlé à la dame que j'ai connue la semaine dernière.**
J'ai appelé le monsieur que j'ai connu hier.
J'ai appelé les Dupont que j'ai connus il y a un mois.

Bei den *anderen* kann *nichts* passieren:

z.B. **J'ai acheté tous les vêtements qui m'ont plu.**
J'ai téléphoné à la dame à qui j'ai parlé hier.

Der nächste Schritt in die Vergangenheit

L'accord du participe passé avec avoir

Übung/Exercice 28:** Ergänze die Fragen und die Antworten. Complète les questions des enfants et les réponses de leur maman.

Mme Raimond rentre de l'hypermarché

«Combien de bouteilles de limonade as-tu ache . . . . .?»

«Je . . . . . ai ach . . . . . deux caisses.»

«Quels bonbons as-tu pr . . . . . ?»

«J'ai pri . . . . . les mêmes bonbons que papa a port . . . . . la semaine dernière.»

«Ouauh, c'est super. Et des glaces que papa nous a ache. . . . ., tu nous . . . . . as pr . . . . . aussi?»

«Mais bien sûr, les enfants. En été, on a toujours mang . . . . . des glaces, non?»

«C'est tout?»

«Mais non, j'ai aussi achet . . . . . de l'huile, de la farine, du sel; mais je pense que cela ne vous intéresse pas trop.»

Alles o.k.? Dann ran an die Übungen.

Der nächste Schritt in die Vergangenheit

Übung/Exercice 29*:** Antworte mit dem passé composé und ersetze dabei die Objekte und Ortsangaben. Réponds à ces questions avec les passé composé.

Exemple: Fais tes devoirs, s'il te plaît. – Je les ai déjà faits.

C'est déjà fait

1. **Porte les bouteilles à la cave.**
2. **Pense à la confiture.**
3. **Cherche mes cigarettes.**
4. **Ouvre le paquet de la tante.**
5. **Mets tes affaires dans une armoire.**
6. **Achète des timbres.**
7. **Appelle maman au bureau.**
8. **Ecoute tes cassettes dans la chambre.**
9. **Téléphone aux voisins.**
10. **Aide ta soeur.**

L'accord du participe avec avoir et être

Übung/Exercice 30*:** Setze die Verben im passé composé in der richtigen Form (logisch) in den Text ein. – Denke an das bittere Ende, vor allem, wenn du den unterstrichenen Satzteil des Vorsatzes ersetzt hast. Complète le texte au passé composé avec les verbes indiqués.

Madame Derouiche a fait des courses

M. Derouiche arrive pour manger.

– **«Dis donc, chérie, tu . . . . . les journaux?»** (lire)

– **«Non, chéri, je . . . . .** (ne pas lire) **Je . . . . . en ville ce matin.** (descendre) **Et je . . . . . préparer le repas, car je . . . . . ici il y a un quart d'heure.»** (ne pas pouvoir, arriver)

– **«Tu . . . . . en ville? Pourquoi ça?** (être) **Tu . . . . . hier.»** (aller)

– **«Je . . . . . faire des courses pour ton anniversaire.»** (devoir)

– **Mais tu . . . . .** (faire déjà) **Où . . . . . de l'argent?»** (tu/dépenser/encore)

– **«Ce sont des magasins où nous . . . . . ensemble.** (ne jamais entrer) **Je ne peux rien te dire, tu . . . . .?** (comprendre) **Alors, qu'est-ce que . . . . . dans les journaux?»** (avoir)

Lösungen auf Seite 108 f.

Der nächste Schritt in die Vergangenheit

5.4 Die reflexiven Verben: Les verbes pronominaux

Reflexiv – was war das noch? **Mais oui:** das sind die Verben, mit denen eine Handlung ausgedrückt wird, die sich *auf das Subjekt selbst zurückbezieht.* Weswegen sie auch *rückbezügliche Verben* heißen. Viele Verben können sowohl auf andere Objekte ausgerichtet als auch rückbezüglich sein. Im Französischen benennt man nur die Tatsache, daß so ein Verb mit einem reflexiven *Pronomen*, einem **pronom réfléchi,** auftaucht: **un verbe pronominal.** Bis hierher alles klar. Die Bildung des **passé composé** dieser Verben ist allerdings wirklich erste Sahne.

Beispiel: Zuerst wäscht Maria ihrer kleinen Schwester die Hände (normales Objekt), dann wäscht *sie sich selbst* die Hände (rückbezüglich).

Die reflexiven Verben bilden ihr **passé composé** mit **être**.

z.B. **Elle s'est assise, après elle s'est levée.**

Das **participe passé** der reflexiven Verben gleicht sich wie bei der Konjugation mit **avoir** an das vorangehende direkte Objekt an. Dessen Geschlecht und Zahl leiten sich aus dem Subjekt ab.

z.B. **Elle s'est lavée.**

wen? sich! direktes Objekt, weiblich wegen ***elle*** —> Einfluß auf das Partizip

z.B. **Elle s'est lavé les mains.**

wem? sich! —> indirekt —> kein Einfluß, weil indirekt was? die Hände! direkt, aber kein Einfluß, weil nachstehend

z.B. **Elle se les est lavées.**

wem? sich! —> indirekt —> kein Einfluß, weil indirekt was? die Hände! —> direkt und vorangehend —> Angleichung an **les**

Lerntip:
Ist ein anderes direktes Objekt vorhanden, muß das Reflexivpronomen indirekt sein.

Der nächste Schritt in die Vergangenheit

Les verbes pronominaux

Übung/Exercice 31:** Setze ins passé composé

1. **Elle se lève et s'excuse.**
2. **Ils ne se parlent pas mais ils s'écrivent.**
3. **Elles s'aident.**
4. **Nadine et Pierre: Nous nous demandons: si c'est vrai?**
5. **Mme Neveu, vous vous faites belle?**
6. **Mme Séméga, vous vous faites du thé?**
7. **Suzie: Je m'occupe d'elle, et elle se moque de moi!**
8. **Ils s'inscrivent sur la liste parce qu'ils s'intéressent à la danse.**
9. **Les cousins s'appellent tous les jours; Monique et moi, nous nous téléphonons seulement une fois par semaine.**
10. **Il se met à pleuvoir, elle s'en va.**

PS. Wie wäre es, wenn du dir jetzt eine doppelte Liste anlegtest? In die eine Spalte kämen alle Verben mit direktem Objekt, die dir begegnen, in die andere die mit indirektem Objekt bzw. zwei Objekten. Überleg es dir mal: Die Investition lohnt sich!

Lösungen auf Seite 109.

Der nächste Schritt in die Vergangenheit

Nicht unbedingt als Spickzettel gedacht ist die folgende Übersicht:

Tout, tout, tout sur le passé composé.

Verben der Bewegungsrichtung: **être** Angleichung des Partizips ans Subjekt

S + être + participe passé

z.B. **Il est resté, elle est partie.**

Verben mit Objekt und Verben der Bewegungsart: **avoir**

S + avoir + participe passé (+ objet)

z.B. **Ils ont acheté une maison.**
Elles ont nagé.

Verben mit **avoir**: Angleichung des Partizips an das vorangehende direkte Objekt

S + objet direct + avoir + participe passé

z.B. **Ce papier, nous l'avons lu.**
Ces enfants, je les ai vus.
Quelles questions a-t-il déjà posées?

Reflexive Verben: **être**

Angleichung des Partizips an das direkte Objekt, dessen Geschlecht und Zahl aus dem Subjekt hervorgehen

S + pronom réfléchi direct + être + participe passé

Der nächste Schritt in die Vergangenheit

z.B. **Elles ont appelé leurs parents au téléphone, après elles se sont appelées.**
Ils ont parlé à leurs enfants mais ils ne se sont pas parlé.

Es gibt aber wieder Gefahrenquellen, **attention danger**. Zugegeben: ein Zuckerschlecken ist die ganze Chose nicht. Du hast dir bestimmt so manche Regel nebst Beispielen mehrmals durchgelesen, hast sie abgeschrieben, dir laut vorgesagt, bis du alles wirklich intus hattest. Nun muß ich dich allerdings noch mit ein paar unschönen Kleinigkeiten belästigen.

Denn manche Verben haben sich zum Verwechseln gern.

1. Ein Pärchen, mit dem manchmal sogar die Franzosen Schwierigkeiten haben (was keine Ausrede für dich sein sollte!), ist

   se rappeler quelque chose und **se souvenir de quelque chose**

   Beide heißen «sich erinnern an», doch du siehst mit Adlerblick: das erste hat ein direktes Objekt, das zweite nicht, also ist beim ersten das Reflexivpronomen indirekt, beim zweiten direkt.

z.B. **Les filles se sont rappelé l'histoire. = Elles se sont souvenues de l'histoire.**

2. Für das deutsche Verb «lassen» gibt es im Französischen (wie im Englischen) zwei verschiedene, mit unterschiedlichen Bedeutungen:

   faire faire qc à qn – *jemanden veranlassen etwas zu tun; lassen als Aufgabe*
   laisser faire qn – *zulassen, daß jemand etwas tut; lassen als Erlaubnis*

z.B. **Il a fait laver la voiture à sa fille. – Il lui a fait laver la voiture.**
Il a laissé jouer sa fille. – Il l'a laissée jouer.

Der nächste Schritt in die Vergangenheit

3. Manche Verben können *verschiedene Funktionen* erfüllen:

Verb der Bewegungs-richtung	*transitives Verb*
sortir – herausgehen	**sortir qc** – etw. herausholen
passer – vorbeigehen	**passer qc** – etw. reichen, verbringen
descendre – hinuntergehen	**descendre qc*** – etw. hinuntertragen
monter – hinaufgehen	**monter qc*** – etw. hinauftragen

* **descendre/monter une rue** usw. werden, obwohl es sich bei **«une rue»** um eine Ortsangabe handelt, in Anlehnung an **descendre qc** als Objektkonstruktion aufgefaßt.

z.B. **Quand elle est sortie elle a sorti le chien de la voiture.**
Elle est descendue à la cave et elle a descendu les bouteilles.
Elle n'a pas aimé la rue qu'elle a descendue ce soir.

Le passé composé au total

Übung/Exercice 32*:** Jetzt werden alle Karten gemischt: Bist du gut genug drauf? Ein Lehrer hat folgende Sätze aus einer Klassenarbeit gesammelt. Nicht alle Verbformen und -konstruktionen sind falsch. Corrige les verbes, s.t.p., si elles sont fausses.

1. **Les jeunes filles s'ont recontrées au cinéma.**

2. **Janine s'est énervé: elle a appelée à son amie, mais elle ne lui a pas répondu.**

Der nächste Schritt in die Vergangenheit

3. Pierrette ne s'est plus souvenu son rendez-vous avec Jean, il l'attendue pour rien.

4. D'abord Mme Jannot s'est changée, puis elle a changé sa fille.

5. Les Dupont ne se sont jamais dits la vérité.

6. Thomas a voulu sortir, mais sa mère ne lui a pas laissée.

7. M. Cédec a demandé son fils de venir le voir. Il lui a fait laver sa voiture.

8. La nuit, Nicole et Sylvie ne sont pas descendues l'escalier Saint Martin.

9. Ils se souviennent toujours des vacances qu'ils ont passées ensemble.

10. Quand le foulard est tombé dans la piscine, Jean est sauté pour l'y sortir.

11. Tu as pensé à ta copine? – Non, je n'y ai pas du tout pensé.

12. Tu as parlé du week-end à ta mère? – Non, je ne l'y ai pas parlée.

Lösungen auf Seite 110.

6 Die doppelte Vergangenheit: Opposition imparfait – passé composé

L'amour est si beau.

Suzanne et Christian se connaissaient depuis six semaines. Ils étaient très amoureux, mais Christian était jaloux. Les samedis, les deux sortaient ensemble. D'abord ils mangeaient des pizzas, ensuite ils allaient à la discothèque, ils dansaient, ils étaient heureux à deux.

Un samedi soir, à la discothèque, Christian a vu

que Suzanne se retournait vers un beau garçon. Et ce garçon regardait Suzanne tout le temps. Christian était triste et il avait peur.

Il a voulu rentrer avec son amie. Mais le garçon a invité Suzanne à danser, et elle a accepté. Christian est sorti tout seul.

Il ne savait pas quoi faire. Devant la porte il y avait Paul qui se promenait.

Paul a demandé à Christian

pourquoi il ne dansait pas.

Quand Christian lui a expliqué, Paul a ri: «Mais tu ne comprends pas, c'est son frère. Tout ça, c'est pour te rendre jaloux.»

Die doppelte Vergangenheit

Quelle histoire! Was für eine Story!

Jetzt stellt sich nur die Frage, warum die verschiedenen Sätze und Teilsätze in unterschiedlichen Spalten gelandet sind. Aus dem Text heraus findest du den Hauptteil der Antwort selbst. Wetten daß?

Der Text fängt im **imparfait** an, weil es hier um die Beschreibung eines *Hintergrundes* geht: Die beiden kannten sich, waren verliebt. Der Anfang ist nur ganz vage angedeutet, ein Ende ist nicht in Sicht. Auch die *Gewohnheiten* werden dargelegt, zumindest was die Samstagabende angeht.

Dann geht es weiter im **passé composé**, weil eine *Ereigniskette* an einem bestimmten Samstagabend vorgestellt wird ... und somit einen klaren Anfang hat. Eigentlich ganz einfach.

Aber dann wird gemixt.

	Christian a vu
que Suzanne se retournait vers un beau garçon.	

Hier stößt eine plötzliche Aktion **(il a vu)** auf etwas, was schon… im Hintergrund… im Gange ist **(elle se retournait)**

Dann nimmt das Unglück seinen Lauf, und wir erfahren sowohl, was Christian tun wollte, nämlich heimgehen, als auch die Erklärung dafür **(il était triste et il avait peur)**, die ja schließlich der Hintergrund für seine Entscheidung ist:

Christian était triste et il avait peur.	**Il a voulu rentrer avec son amie.**

So könnten wir jeden Satz auseinandernehmen. Es dürfte aber schon reichen, damit du dir die Übersicht auf der nächsten Seite merken kannst.

Die doppelte Vergangenheit

Imparfait	**Passé composé**
Kein Anfang und kein Ende:	Anfang und Ende:
– Hintergründe von Ereignissen, – Gewohnheiten, – Erklärungen, – Situationsbeschreibungen	– Handlungsgerüst einer Erzählung, – Ereignisse zu bestimmtem Zeitpunkt

Signalwörter

pendant que = während	**tout à coup** = plötzlich **tout de suite** = sofort

Puis, **ensuite** usw. helfen uns als Signalwörter nicht weiter: Sie können schließlich sowohl einmalige **(passé composé)** als auch gewohnheitsmäßige **(imparfait)** Handlungen einleiten. Wenn **quand** «immer wenn» bedeutet, ist **imparfait** angesagt, sonst kann es gefährlich werden.

Ein wenig hilft bei dieser haarigen Geschichte die deutsche Bedeutung weiter:

Je ne savais pas que Michèle était mariée. Ich wußte nicht…	**Moi, je l'ai su hier.** Ich habe erfahren…
Tu connaissais Pierre déjà là-bas? Kanntest du…	**Non, je l'ai connu ici.** Ich habe ihn kennengelernt.
Toutes les nuits il avait peur. Er hatte Angst…	**Quand il a entendu la sonnette il a eu peur.** Er bekam Angst…

Das werden wir nun wohl üben müssen.

Imparfait ou passé composé

Übung/Exercice 33*:** Nach dem Banküberfall berichtet der Kassierer seiner Familie. Setze bitte die Verben ein. Après l'attentat le caissier raconte. Mets les verbes à l'imparfait ou au passé composé.

Hold-up à la banque

Je . . . . . des marks allemands. (compter)

Monsieur Roche . . . . . les changer après son retour de la vallée du Rhin. Deux clients . . . . . à l'autre guichet. (vouloir, attendre)

Tout à coup, une femme et un homme de taille moyenne . . . . ., des revolvers à la main. Je . . . . . peur. (entrer, avoir)

La femme . . . . . à moi: «Haut les mains, donnez-moi tous les billets.» (s'adresser)

Je les lui . . . . ., mais je ne suis pas un lâche. (donner)

Pendant qu'elle . . . . . vers l'autre guichet, je . . . . . la sonnette d'alarme. (se diriger, actionner)

Je . . . . . la faire marcher: L'autre voleur qui . . . . . depuis la porte le . . . . . (ne pas pouvoir, observer, remarquer)

Il . . . . .: «Attention, mon vieux.» (dire)

Die doppelte Vergangenheit

A

Puis il . . . . . sa complice à ramasser l'argent. (aider)

Ils . . . . . leurs serviettes et l'homme les . . . . . (fermer, emporter)

La femme . . . . . son revolver sur moi, et ils . . . . . (diriger, sortir)

Je ne . . . . . faire. (rien pouvoir)

Je . . . . . la police seulement quand ils . . . . . dans la rue. (alarmer, être)

Lösungen auf Seite 110.

Lösungen: Les solutions

Übung/Exercice 1: On va en ville

Monique et Adeline se téléphonent, car ce soir, elles sortent ensemble.

«Tu viens me voir à quelle heure?»

«Pas d'idée.»

«Réfléchis.»

«Hm. Mes parents finissent de travailler à 6 heures, mes petits frères dorment à 7 heures, je viens chez toi à 7.15 heures. OK?»

«7.15 heures ou 7.30 – choisis toi-même.»

«Si nous partons de chez toi à 7.30, nous arrivons à temps pour le film de 8 heures?»

«Bien sûr, les caisses ouvrent à 7.45 heures. A ce soir alors.»

«Une seconde encore. Dis-moi, tes cousins, ils viennent aussi?»

«Ohlàlà, ma chère. Non non, nous ne commençons pas comme ça!»

Übung/Exercice 2: Tes mots

vous choisissez
vous appelez
ils lèvent
tu ouvres
elles jettent
je répète
elle préfère
vous espérez
ils offrent
nous mangeons

Lösungen

Übung/Exercice 3: Christian prépare une boum

«Tu invites Suzanne?»
«Oui, tu sais, je dois l'inviter: elle est ma cousine.»
«Christine, Thomas et Pierre viennent aussi?»
«Non, les garçons ne peuvent pas venir, ils sont à Paris.»
«Dommage. Et Christine alors?»
«Christine? Elle peut venir, mais je ne veux pas.»
«Pourquoi?»
«Ces filles veulent toujours raconter leurs histoires.»
«Alors Marie-Claude ne vient pas non plus?»
«Ah si. Elle, je l'invite. Elle sait* jouer de la guitare, et comme ça, nous pouvons* chanter.»

* Den Unterscheid weißt du ja noch: savoir = können/fähig sein, pouvoir = können/die Möglichkeit haben

Übung/Exercice 4: On va à la MJC

«Salut, Nadine, tu fais les courses même quand il pleut?»
«Non, je vais chez le dentiste, j'ai un rendez-vous à 4 heures. Et toi, tu vas où?»
«Il me faut aller à la pharmacie. Ma mère a mal à la tête, elle veut prendre de l'aspirine.»
«Et après, tu reviens tout de suite?»
«Oui, mais ensuite, je pars pour la MJC. Au cours d'anglais nous commençons à 5 heures.»
«Mon frère et moi, nous faisons de l'anglais au collège. Nous allons à la MJC demain soir.»
«Vous avez un cours de langue aussi?»
«Non, pour nous, la MJC, c'est avant tout un centre de rencontre. Les animateurs sont super, et les jeunes aussi. Tu dois venir danser avec nous un jour.»
«Peut-être. Mais je ne sais pas si je peux venir demain. Je dois encore faire mes devoirs de sciences naturelles pour mercredi. Ou bien, vous les faites pour moi, ton frère et toi?»

Übung/Exercice 5: Philippe et Pierre arrivent chez Chantal et Christine

«Vous prenez du coca?»
«Non merci. En ce moment nous mangeons seulement des fruits et nous buvons de l'eau.»
«C'est tout? Cela vous fait plaisir? Et vous voulez nous raconter que cela suffit pour des garçons comme vous?»
«Bien sûr, presque pas de calories, c'est formidable, nous perdons deux kilos par semaine.»
«Et vous appelez cela formidable? Deux kilos?»
«Mais qu'est-ce que cela veut dire? D'abord vous nous dites que nous sommes trop gros, et maintenant vous ne nous croyez pas quand nous faisons tout pour maigrir. Ah, ces filles! Elles ne savent jamais ce qu'elles veulent.»

Übung/Exercice 6: Voici le texte sans fautes

«Bonjour, ça va? Moi je vais bien. Les vacances sont super. Et toi, qu'est-ce que tu fais aujourd'hui?»
«Je lis un livre sur les verbes français. Cela m'intéresse et j'apprends beaucoup. Ce soir, j'écris une dictée. Ma mère veut voir ce que je sais écrire.»
«Moi je suis assez bonne en français. Je n'a pas besoin de faire des dictées.»
«Alors qu'est-ce que tu fais toute la journée?»
«Mes parents disent que je peux regarder la télé. Alors ma petite sœur et moi, nous regardons tout le temps.»
«Qu'est-ce que vous regardez?»
«Oh, tu sais, il y a des films intéressants.»
«Ma sœur voit tout aussi, nous prenons notre coca-cola, nous mangeons des chips, et bonne journée.»

Übung/Exercice 7: Masculin et féminin

un âge, une amie, un bonheur, une bouchère, une cage, un chat, un copain, un courage, une cousine, un directeur, une direction, un/une enfant, une fenêtre, un/des fils, une hôtesse, une lectrice, une lune, un marchand, un pâtissier, une peur, un poulet, un professeur*, une radio, une reine, un sentiment, un soleil, une vendeuse

* gilt für Männlein wie Weiblein

Lösungen

Übung/Exercice 8: Il n'y a jamais un seul

a) Mes amis sont là. Ils viennent souvent passer les après-midi ici. On écoute des CD. Ils regardent des BD, moi je lis les journaux: Dans la rue Pascal, des voleurs ont volé des bijoux à des dames. Après, je fais des sandwichs au jambon, et on mange des glaces à la vanille.

b) Les messieurs achètent des timbres pour des lettres et des cartes. Ils ne sont pas français, ils ne savent pas les prix. Ils n'ont même pas de Francs. Mais ils ont des rendez-vous à cinq heures: bizarre.

Übung/Exercice 9: En route

Il est huit heures du matin. M. et Mme Dupont partent au travail. M. Dupont travaille au bureau chez Renault, Mme Dupont est professeur au lycée Charles de Gaulle. Leurs enfants sont jeunes, ils vont à l'école première. Ils ne doivent partir qu'à huit heures et demie. Mais la petite Suzanne ne veut pas faire le chemin de l'école toute seule avec son frère: elle a peur des chiens, et le chien de la voisine se promène dans la rue.
Thomas se moque de sa sœur, mais Mme Dupont dit aux enfants: J'appelle grand-mère, elle va vous emmener.

Übung/Exercice 10: Pas de chance

Après leurs cours de français et d'allemand, Christine et ses amis se retrouvent dans la cour du collège. Ils parlent de leur leçon d'allemand et de leurs devoirs: «Qu'est-ce qu'il lui arrive encore, à ce M. Bonnard? Personne n'a rien compris car ses explications étaient si mauvaises, et maintenant il arrive avec son idée que nous devons faire un test demain. Il nous énerve avec sa grammaire!!»
...Christine et son frère Pierre – qui est plus âgé mais qui est dans sa classe – arrivent chez leurs parents à cinq heures et demie. Nadine commence tout de suite à faire ses devoirs, et elle prépare son test d'allemand. Pierre écoute d'abord son disque de Patricia Kaas, comme il le fait chaque après-midi. Monsieur Laroche entre dans sa chambre.
«Pierre, tu as dejà terminé tes devoirs?»
«Mes devoirs? Mais bien sûr, papa. Comme toujours.»
«Alors tu sais quoi? Je vois que tu n'as rien à faire. Tu portes d'abord leurs clés aux voisins, s'il te plaît: ils les ont oubliées ici. Et après cela tu laves ma voiture. Ensuite tu fais les courses pour ta mère, et puis...»

Übung/Exercice 11:

a) Après le voyage.

M. Schmidt raconte à ses amis: «Il y trop de choses à visiter. La tour Eiffel est très belle, et on peut monter avec le nouvel ascenseur qui va très vite. Les vieux tableaux du Louvre sont très intéressants, et il faut visiter la nouvelle bibliothèque du centre Pompidou aussi. Il faut toujours mettre des vieilles chaussures. Moi, j'ai pris mes nouvelles sandales, et j'avais mal au pied pendant tout ce beau voyage.»

b) Les enfants font les magasins.

«Regarde ce pull blanc, il te plaît?»

«Ah non, je préfère la robe blanche, je trouve les pulls blancs trop tristes. Et puis ils sont toujours sales.»

«Et qu'est-ce que tu dis de la jupe bleue? Elle va bien avec mes chemisiers rouges.»

«Le bleu et le rouge, tu sais, il y a des couleurs plus intéressantes et plus chic.»

«Oh, rien ne te va, qu'est-ce que tu as aujourd'hui? Tu es malheureuse?»

«Excuse-moi, tu as raison. Mes parents trouvent mes notes trop mauvaises.»

Übung/Exercice 12: Tout le monde a des problèmes

Ramina est une jolie fille noire. Elle est une très bonne élève et elle n'a jamais eu de mauvaises notes. Ramina n'aime pas les longues histoires tristes. Elle adore rire, et là, on voit ses belles dents blanches. Ramina a une mère française et un père africain qui l'aime beaucoup. Son problème: Ramina aime sortir avec les beaux garçons intelligents.

Übung/Exercice 13: On va faire des crêpes

«Bernard, on a encore du lait à la maison?»

«Combien de lait est-ce qu'il te faut? Il y a un demi-litre de lait au frigo.»

«Oh, ça va aller. Pour les/des crêpes il faut juste un peu de lait.»

«Tu fais des crêpes? Hm. Je peux t'aider?»

«Avec plaisir. Tu peux déjà préparer toutes les affaires: de la farine, du sucre vanillé, des œufs»

«150 grammes de farine, ça suffit? Non? Alors on n'a pas assez de farine. Tu nous portes aussi un litre de lait. Et deux bouteilles d'eau minérale et du jus de fruits.»

«Combien de jus de fruits?»

«Bernard a voulu préparer des crêpes, et maintenant il doit faire des/les courses. Juste pour cent grammes de farine!»

Lösungen

Übung/Exercice 14: La visite

«Tu prends du chocolat chaud?»
«Non, je ne bois pas de chocolat chaud. Tu sais bien que je déteste le chocolat. Je préfère le thé, comme mon père. Il prend toujours du thé avec du citron, sans sucre.»
«Toujours? Ton père ne boit pas de bière quand il va au café? Et pas de vin? Mais non, mon père aime le vin, d'accord, mais il boit du vin seulement pendant les repas. Sans repas, il ne boit jamais d'alcool.»
«Toujours du thé alors. Et toi, tu peux vraiment boire quelque chose de chaud?»
«Je bois beaucoup de jus de fruits, ou bien de la limonade ou du thé glacé. Et de l'orangeade?»
«Ah non, je ne prends pas de boissons sucrées.»
«Moi non plus, je n'aime pas beaucoup l'orangeade. Je vais boire un verre d'eau minérale maintenant.»

Übung/Exercice 15: Au rayon des meubles

Elles cherchent quelque chose de beau pour la nouvelle chambre de Monique, mais il n'y a rien d'intéressant. Elles trouvent des tables et des bureaux, mais elles ne voient pas de lampes ni d'étagères. Là-bas, ce ne sont pas des étagères? Non, ce sont des/les rayons du magasin. Tant pis, elles vont au supermarché du deuxième étage.
«Tu prends un kilo de poires?»
«Pourquoi pas? J'adore les fruits. Et toi, tu achètes du chocolat?»
«D'accord. Mais attention, n'achetons pas de bonbons. Il y a des kilos de bonbons à la maison. Mes parents ne mangent plus de sucre, tu sais.»

Übung/Exercice 17: Les formes à l'imparfait

je répétais
elle écrivait
ils jetaient
vous criiez
tu savais
ils vivaient
j'appelais
il fallait
nous croyions
ils devaient
je courais
elle choisissait
nous faisions
il pleuvait
tu voulais
ils commençaient
vous connaissiez
elles venaient
vous disiez
elles prenaient
tu dormais
elle voyait
elles buvaient
tu payais

Übung/Exercice 18: Les grands-parents…

wenn du alles im Plural gelassen hast, müßten die Verbformen folgendermaßen aussehen:

ils achetaient
ils allaient
ils avaient
ils écrivaient
ils espéraient
ils étaient
ils mangeaient
ils pouvaient
ils prenaient
ils voulaient

Übung/Exercice 19: Ce soir, chez les Laroche

Pierre leur parle/lui parle/lui parle.
Marguerite lui répond/leur répond.
Les parents l'aident/les aident.
Mme Leroc la remercie/les remercie.
M. Leroc la lui demande/les leur demande.
Le chien lui demande de faire une promenade.

Lösungen

Übung/Exercice 20: Un soir, chez les Mulot

... Les enfants regardent le film de science fiction de minuit: «Mort sous la douche, en exclusivité de la lune.» Vous le connaissez?
Suzanne a peur, elle demande à son frère: «Tu peux arrêter la télé? C'est affreux.» Jean lui répond: «Mais qu'est-ce que tu as? Je connais une petite fille qui voit tous les films avec son frère et cela lui plaît beaucoup.» Suzanne ne croit pas son frère, elle ne le croit jamais, et puis, cela ne l'intéresse pas: «Si tu n'arrêtes pas je dis à Maman que tu regardes la télé si tard.»

Übung/Exercice 21: Les phrases combinées

1c, 2f, 3h, 4k, 5a, 6e, 7b, 8i, 9g, 10d

Übung/Exercice 22: Martine va à Paris

«Cette semaine, je vais à Paris.»
«C'est vrai? Tu y vas enfin? Pour quoi faire?»
«Je vais voir mon frère.»
«Tu vas le voir à Paris? Tu n'as pas peur d'y aller toute seule?»
«Mais pas du tout. Je n'en ai pas peur.»
«Et toi, il va t'y attendre aussi?»
«Qu'est-ce que tu portes à ton frère?»
«J'aimerais lui porter des romans policiers.»
«Je vais lui en porter trois ou quatre.»
«Mes parents me les/les lui paient.»

Übung/Exercice 23: Le grand cocktail

Les enfants doivent parler à leurs parents. – Ils vont leur parler ce soir.
Les amies sont parties. – Jean et Thomas ne peuvent plus leur parler.
Sabine aimerait oublier ses mauvaises notes. –

Elle ne veut plus du tout y penser.
Chantal a peur de descendre à la cave. – Elle n'y est pas encore descendue.
Les touristes demandent le chemin aux enfants dans la rue. – Ils le leur demandent.
Marie-Ange sait montrer le chemin aux touristes. – Elle sait le leur montrer.
On ne peut pas monter sur le toit du Sacré Cœur. – Il n'est pas possible d'y monter.
Il ne parle pas de son interrogation à son père. – Il ne lui en parle pas.

Übung/Exercice 24: À l'auberge...

1. Oui, c'est moi.
2. Non, ce n'est pas eux.
3. Oui, c'est eux.
4. Oui, c'est nous.
5. Oui, c'est elles.

Übung/Exercice 25: À l'auberge aussi

1. Oui, prenez-en.
2. Mais oui, joues-y.
3. Pourquoi pas, faites-en.
4. Mais non, ne le regardons/regardez pas.
5. Bien sûr, inscris-t'y.
6. Ecrivez-la-lui./Ecrivons-la-lui.
7. Oui, dis-la-leur.
8. Oui, prenez-l'y.
9. Oui, mettez-les-y, mais ne les mettez pas sur la table après.

Lösungen

Übung/Exercice 26: Les formes au passé composé

elle a répété
ils sont allés
nous sommes descendues
nous avons couru
elles ne sont pas venues
M. Leroc, vous êtes parti
Nadine, tu as eu
Nadine, tu as été
il a plu
les filles, vous n'avez pas lu
les filles, vous êtes devenues
j'ai dû partir
ils n'ont pas rendu
elle n'a plus voulu sortir

Übung/Exercice 27: La lettre au passé composé

Les vacances ont commencé. Ma mère et moi* sommes allés en ville. Il a fallu faire les courses. Maman a acheté** un cadeau pour mon correspondant anglais. Qu'est-ce que nous avons pris? Il a fallu acheter un livre sur Köln, bien sûr. Il n'a pas encore eu ce livre.
Ensuite je suis monté dans ma chambre et j'ai fait mes bagages. Qu'est-ce que j'ai mis dans la valise? Cela a vraiment été un problème. Quand papa a pesé** la valise maman a vu: 20 kilos. Elle a dit: «C'est trop.» Alors j'ai recommencé. J'ai été content de partir quand même. A bientôt. Ton cousin Peter

* ma mère et moi = nous   ** Stimmen auch bei dir die accents?

Übung/Exercice 28: Mme Raimond

«Combien de bouteilles de limonade as-tu achetées?»
«J'en ai acheté deux caisses.»
«Quels bonbons as-tu pris?»
«J'ai pris les mêmes bonbons que papa a portés la semaine dernière.»
«Ouauh, c'est super. Et des glaces que papa nous a acheté, tu nous en as pris?»
«Mais bien sûr. En été, on a toujours mangé des glaces, non?»
«J'ai aussi acheté de l'huile, de la farine, du sel.»

Lösungen

Übung/Exercice 29: C'est fait

1. Je les y ai portées. *Hast du an* y *gedacht?*
2. J'y ai pensé. *Bei* einer Person *hätte es* J'ai pensé à elle *geheißen.*
3. Je les ai cherchées (mais je ne les ai pas trouvées).
4. Je l'ai ouvert.
5. Je les y ai mises.
6. J'en ai acheté. *Hattest du's gemerkt: unbestimmter Artikel —>* en*; und kein accent grave!!*
7. Je l'y ai appelée. *Wie sah dein* appelé *aus? War wirklich nur ein* l *drin?*
8. Je les y ai écoutées.
9. Je leur ai téléphoné.
10. Je l'ai aidée. *Weißt du noch: jemandem helfen = aider qn!!*

Übung/Exercice 30: Mme Derouiche a fait des courses

«Dis donc, chérie, tu as lu les journaux?»
«Non, chéri, je ne les ai pas lus. Je suis descendue en ville ce matin. Et je n'ai pas pu préparer le repas, car je suis arrivée ici il y a un quart d'heure.»
«Tu as été en ville? Pourquoi ça? Tu y es allée hier.»
«J'ai dû faire des courses pour ton anniversaire.»
«Mais tu en as déjà fait. Où est-ce que tu as encore dépensé de l'argent?»
«Ce sont des magasins où nous ne sommes jamais entrés ensemble. Je ne peux rien te dire, tu as compris? Alors, qu'est-ce qu'il y a eu dans les journaux?»

Übung/Exercice 31: Quelques phrases

1. Elle s'est levée et s'est excusée. *Achtung accent!*
2. Ils ne se sont pas parlé mais ils se sont écrit. *parler à qn, écrire à qn*
3. Elles se sont aidées. *Traurig, aber wahr.*
4. Nous nous sommes demandé: si c'est vrai? *demander (qn) à qn*
5. Mme Neveu, vous vous êtes faite belle? *Wen?*
6. Mme Séméga, vous vous êtes fait du thé? *Wem?*
7. Je me suis occupée d'elle, et elle s'est moquée de moi!
8. Ils se sont inscrits sur la liste parce qu'ils se sont intéressées à la danse.
9. Les cousins se sont appelés tous les jours. *appeler qn … und ein einziges* l*!*
   Monique et moi, nous nous sommes téléphoné. *téléphoner à qn*
10. Il s'est mis à pleuvoir, elle s'en est allée.

Lösungen

Übung/Exercice 32: Corrigé

1. Les jeunes filles se sont rencontrées au cinéma.
2. Janine s'est énervée: elle a appelé son amie, mais elle ne lui a pas répondu.
3. Pierrette ne s'est plus souvenue de son rendez-vous avec Jean, il l'a attendue pour rien.
4. D'abord Mme Jannot s'est changée, puis elle a changé sa fille.
5. Les Dupont ne se sont jamais dit la vérité.
6. Thomas a voulu sortir, mais sa mère ne l'a pas laissé.
7. M. Cédec a demandé à son fils de venir le voir. Il lui a fait laver sa voiture.
8. La nuit, Nicole et Sylvie n'ont pas descendu l'escalier Saint Martin.
9. Ils se souviennent toujours des vacances qu'ils ont passées ensemble.
10. Quand le foulard est tombé dans la piscine Jean a sauté pour l'en sortir.
11. Tu as pensé à ta copine? Non, je n'ai pas du tout pensé à elle.
12. Tu as parlé du week-end à ta mère? Non, je ne lui en ai pas parlé.

Übung/Exercice 33: Imparfait ou passé composé

Je comptais des marks allemands. Monsieur Roche voulait les changer après son retour de la vallée du Rhin. Deux clients attendaient à l'autre guichet.Tout à coup, une femme et un homme de taille moyenne sont entrés, des revolvers à la main.
J'ai eu peur. La femme s'est adressée à moi: «Haut les mains, donnez-moi tous les billets.»
Je les lui ai donnés, mais je ne suis pas un lâche. Pendant qu'elle se dirigeait vers l'autre guichet, j'ai actionné la sonnette d'alarme. Je n'ai pas pu la faire marcher: L'autre voleur qui observait depuis la porte l'a remarqué. Il a dit: «Attention, mon vieux». Puis il a aidé sa complice à ramasser l'argent. Ils ont fermé leurs serviettes et l'homme les a emportées. La femme a dirigé son revolver sur moi, et ils sont sortis. Je n'ai rien pu faire. J'ai alarmé la police seulement quand ils étaient dans la rue.

Listenreich: La liste des verbes

	Présent		Imparfait	Passé composé	de même
acheter	j'achète tu achètes il achète	nous achetons vous achetez ils achètent ! nous répétons	j'achetais je répétais	j'ai acheté j'ai répété	lever peser répéter
aller	je vais tu vas il va	nous allons vous allez ils vont	j'allais	je suis allé(e)	
appeler	j'appelle tu appelles il appelle	nous appelons vous appelez ils appellent	j'appelais	j'ai appelé	jeter
avoir	j'ai tu as il a	nous avons vous avez ils ont	j'avais	j'ai eu	
boire	je bois tu bois il boit	nous buvons vous buvez ils boivent	je buvais	j'ai bu	
choisir	je choisis tu choisis il choisit	nous choisissons vous choisissez ils choisissent	je choisissais	j'ai choisi	finir réfléchir

	Présent		Imparfait	Passé composé	de même
connaître	je connais tu connais il connaît	nous connaissons vous connaissez ils connaissent	je connaissais	j'ai connu	disparaître
courir	je cours tu cours il court	nous courons vous courez ils courent	je courais	j'ai couru	
devoir	je dois tu dois il doit	nous devons vous devez ils doivent	je devais	j'ai dû	
dire	je dis tu dis il dit	vous disons vous dites ils disent	je disais	j'ai dit	
écrire	j'écris tu écris il écrit	nous écrivons vous écrivez ils écrivent	j'écrivais	j'ai écrit	
envoyer	j'envoie tu envoies il envoie	nous envoyons vous envoyez ils envoient	j'envoyais nous envoyions	j'ai envoyé	essayer payer mais aussi: je paye j'essaye
faire	je fais tu fais il fait	nous faisons vous faites ils font	je faisais	j'ai fait	
falloir	il faut		il fallait	il a fallu	

	Présent		Imparfait	Passé composé	de même
lire	je lis tu lis il lit	nous lisons vous lisez ils lisent	je lisais	j'ai lu	
manger	je mange tu manges il mange	nous mangeons vous mangez ils mangent ! nous commençons	je mangeais	j'ai mangé	changer interroger commencer
mettre	je mets tu mets il met	nous mettons vous mettez ils mettent	je mettais	j'ai mis	promettre
offrir	j'offre tu offres il offre	nous offrons vous offrez ils offrent	j'offrais	j'ai offert	ouvrir couvrir découvrir
partir	je pars tu pars il part	nous partons vous partez ils partent	je partais	je suis parti(e) j'ai senti, dormi, servi	sortir sentir dormir servir
plaire	je plais tu plais il plaît	nous plaisons vous plaisez ils plaisent	je plaisais	j'ai plu	
pleuvoir	il pleut		il pleuvait	il a plu	
pouvoir	je peux tu peux il peut	nous pouvons vous pouvez ils peuvent	je pouvais	j'ai pu	

	Présent		Imparfait	Passé composé	de même
prendre	je prends tu prends il prend	nous prenons vous prenez ils prennent	je prenais	j'ai pris	apprendre comprendre
rendre	je rends tu rends il rend	nous rendons vous rendez ils rendent	je rendais	j'ai rendu	descendre entendre vendre perdre
rire	je ris tu ris il rit	nous rions vous riez ils rient	je riais ! nous riions	j'ai ri	sourire
savoir	je sais tu sais il sait	nous savons vous savez ils savent	je savais	j'ai su	
venir	je viens tu viens il vient	nous venons vous venez ils viennent	je venais	je suis venue(e) j'ai tenu	 tenir
vivre	je vis tu vis il vit	nous vivons vous vivez ils vivent	je vivais	j'ai vécu	
voir	je vois tu vois il voit	nous voyons vous voyez ils voient	je voyais nous voyions	j'ai vu	croire
vouloir	je veux tu veux il veut	nous voulons vous voulez ils veulent	je voulais	j'ai voulu	

Laute: La prononciation/ les signes phonétiques

Die meisten Zeichen nebst Aussprache entsprechen dem Deutschen. Vorsicht bei:

Laut	Beispiel	deutsches Beispiel
Les consonnes/die Konsonanten		
[z]	maison, ils ont	Suppe, böse
[s]	soir, ils sont	Bus, Kasse
[ʒ]	je, Jean, âge	Garage, Journal
[ʃ]	chercher, chaque	Schraube
[v]	vouloir, arriver	wollen
[w]	moi, oui	—
[vw]	voir	—
[ɲ]	ligne, signe	Cognac
[ŋ]	parking, footing	Camping
[ȷ]	famille, travailler	Junge
Les voyelles/die Vokale		
[ã]	sans, chambre	—
[ə]	me, le	besuchen
[e]	pousser, allez!	gehen
[ɛ]	est, fait	Ärmel
[ɛ̃]	un, bien, terrain	—
[ɔ]	bol, j'adore	noch
[o]	beau, journaux	rodeln
[õ]	Dupont, bonbon	—
[ø]	deux, messieurs	schnöde
[œ]	bonheur, sœur	fördern
[y]	une, salut	wütend

Die grammatischen Ausdrücke:
Les expressions grammaticales

französisch	**deutsch**	**Beispiel**
un adjectif	Adjektiv, Eigenschaftswort	*beau, bel, belle*
~ épithète ~ attribut ~ démonstratif ~ possessif	attributives Adjektiv prädikatives Adjektiv Demonstrativbegleiter, hinweisendes Fürwort Possessivbegleiter, besitzanzeigendes Fürwort	une *belle* fille La fille est *belle.* *ce, cet, cette, ces* *mon, ma, mes*
un adverbe	Adverb, Umstandswort	*très* belle
~ pronominal	Pronominaladverb	*en, y*
affirmatif, ve	bejaht	elle arrive (im Gegensatz zu elle n'arrive pas)
un article	Artikel, Geschlechtswort	
~ défini ~ indéfini ~ partitif	bestimmter Artikel unbestimmter Artikel Teilungsartikel	*le, la, l', les* *un, une, des* *du, de la, de l'*
un complément	Ergänzung	
~ d'objet direct	Akkusativobjekt	Je lis *le livre.*

Die grammatischen Ausdrücke

französisch	**deutsch**	**Beispiel**
~ d'objet indirect ~ circonstantiel	Dativobjekt adverbiale Bestimmung	J'écris *à mon frère.* Il est *au garage.*
conjuguer la conjugaison	(Verben) beugen (Verb-) Beugung	*je bois, tu bois,* *il boit etc.*
une consonne	Konsonant, Mitlaut	[b, d, f, k, m]
une expression	Ausdruck	
le futur proche	die «nahe» Zukunftsform	*elles vont partir*
le genre	Genus, Geschlecht	
~ féminin ~ masculin	weibliches Geschlecht männliches Geschlecht	*une* am*ie* *un* ami
«h» aspiré «h» muet	gehauchtes «h» stummes h»	le *h*aricot l'*h*ôtel
l'imparfait	Vergangenheitsform	*ils allaient*
un impératif	Imperativ, Befehlsform	*va! n'allez pas!*
un infinitif	Infinitiv, Grundform	*aller*
la liaison	Bindung	Ils ont des enfants.
la négation un adverbe de ~	Verneinung Verneinungsadverb	Elle *n'*est *pas* là. Elle *ne* parle *pas.*
un nom	Substantiv, Nomen, Hauptwort	*voiture, sucre*
~ propre	Eigenname	*Marcel, Dupont*

Die grammatischen Ausdrücke

französisch	deutsch	Beispiel
un nombre	Numerus, Zahl	*une fille/des filles*
un participe passé	Partizip Perfekt	*allé, vu*
l'accord du ~	die Angleichung des P. P.	elle est all*ée*, on les a *vus*
le passé composé	Vergangenheitsform	*ils sont allés*
la phrase	Gesamtsatz	*Il est parti parce qu'il pleuvait.*
le pluriel	Plural, Mehrzahl	*les* parents
une préposition	Präposition, Verhältniswort	*dans, à, de*
le présent	Präsens, Gegenwart	*je rentre*
un pronom	Pronomen, Fürwort	
~ personnel	Personalpronomen	*il, on, me, se*
~ objet	Objektpronomen	*me, se*
~ sujet	Subjektpronomen	*il, on*
~ réfléchi	Reflexivpronomen, rückbezügliches Pronomen	*se*: ils *se* promènent
~ tonique = accentué	betontes Personalpronomen	*moi*
~ disjoint	unverbundenes Personalpronomen	*moi, eux*
la prononciation	Aussprache	
une proposition	Teilsatz (Haupt- oder Nebensatz)	
~ principale	Hauptsatz	*Il est rentré…*
~ subordonnée	Nebensatz	*…parce qu'il pleuvait.*

Die grammatischen Ausdrücke

französisch	**deutsch**	**Beispiel**
une quantité un adverbe de ~	Menge Mengenadverb	 *assez, beaucoup*
une racine = un radical	Stamm	nous *dorm*ons
le singulier	Singular, Einzahl	*une* maison
un signe phonique	Lautzeichen	[ø]
le sujet	Subjekt, Satzgegenstand	*Martine* est là.
le temps	Tempus, Zeitform	*présent, imparfait*
une terminaison = une désinence	Endung	nous choisiss*ons*
un verbe	Verb, Tätigkeitswort	*partir, finir*
~ auxiliaire	Hilfsverb	*devoir*, il *est* allé, elle *va* partir
~ auxiliare de mode	modales Hilfsverb	il *veut* travailler
~ irrégulier	unregelmäßiges Verb	*faire*
~ régulier	regelmäßiges Verb	*poser, rendre*
~ transitif	transitives V. = mit Objekt	*dire qc, penser à qc*
~ transitif direct	V. mit direktem Objekt	*dire qc*
~ transitif indirect	V. mit indirektem Objekt	*penser à qc*
~ intransitif	intransitives V. = ohne Objekt	*aller, nager*
~ pronominal	reflexives = rückbe-zügliches Verb	*se souvenir de*
une voyelle	Vokal, Selbstlaut	[a, e, i, o, u]

BELTZ Lern-Trainer

Sprachhürden gut genommen

Der Lern-Trainer vermittelt durch Übungen und Beispiele sichere Grundlagen der französischen Sprache – damit der Spaß erhalten bleibt! Aus dem Inhalt: Verben im Präsens • Das Substantiv und seine Begleiter • Reise in die Vergangenheit • Verkürzungen von Verbergänzungen.

Elisabeth Bonneau
Französisch
Grammatik gut im Griff
1./2. Lernjahr.
119 Seiten, DM 19,80
ISBN 3-407-38027-5

Schüler/-innen können hier ihre Kenntnisse der französischen Grundgrammatik konsolidieren und erweitern – denn nur auf einem guten Fundament kann aufgebaut werden. Aus dem Inhalt: Futur • Konditional • Relativsatz • Zusammengesetzte Zeiten • Steigerung von Adjektiv und Adverb • Indirekte Rede • Konjunktiv.

Elisabeth Bonneau
Französisch
Grammatikhürden gut genommen
2./3. Lernjahr.
116 Seiten, DM 19,80
ISBN 3-407-38013-5

Ohne das Passiv geht es auch im Französischen nicht. Dieser unterhaltsame Lern-Trainer will helfen, das Passiv in den Griff zu bekommen und das Leseverständnis besser zu entwickeln. Dabei geht es in kleinen Schritten vom Einfachen zum Komplexen. Übungen helfen, den aktuellen Wissensstand zu überprüfen.

Dieter Klaas
Französisch
Das Passiv
3./4. Lernjahr.
82 Seiten, DM 19,80
ISBN 3-407-38014-3

Mit dem Einstieg in die lateinische Original-Lektüre, meist der »Cäsar«, beginnt für viele Schüler/-innen ein Problem. Diese Einführung für das Selbststudium bietet ausführliche Erläuterungen für alle Problemfelder, Übersetzungsschlüssel und Lernhilfen.

Karl Overbeck
Latein
Einführung in die Lektüre: Übersetzungstechnik
3./4. Lernjahr.
92 Seiten, DM 19,80
ISBN 3-407-38002-X

Bitte fordern Sie kostenlos und unverbindlich Ihr Infomaterial mit nebenstehender Bestellkarte an.

Senden Sie mir kostenlos und unverbindlich

(Bitte ankreuzen)

- ❏ Informationsmaterial über weitere Lern-Trainer
- ❏ Das Programmheft vom Studienhaus St. Blasien mit Lerntechnikseminaren und Ferienkursen für Schülerinnen und Schüler

---

Schulart

- ❏ Grund- und Hauptschule
- ❏ Realschule/Gymnasium

Altersgruppe

- ❏ 6–10 Jahre
- ❏ 11–14 Jahre
- ❏ 15–18 Jahre

Bitte tragen Sie ihren Namen mit Anschrift auf der Rückseite ein.

Sollten die Antwortkarten bereits herausgetrennt worden sein, können Sie selbstverständlich auch schriftlich oder telefonisch bestellen bei:

Studienhaus
St. Blasien
Postfach 1105
79829 St. Blasien

Fax 07672/2246
Tel. 07672/2289

Senden Sie mir kostenlos und unverbindlich

(Bitte ankreuzen)

- ❏ Informationsmaterial über weitere Lern-Trainer
- ❏ Das Programmheft vom Studienhaus St. Blasien mit Lerntechnikseminaren und Ferienkursen für Schülerinnen und Schüler

---

Schulart

- ❏ Grund- und Hauptschule
- ❏ Realschule/Gymnasium

Altersgruppe

- ❏ 6–10 Jahre
- ❏ 11–14 Jahre
- ❏ 15–18 Jahre

Bitte tragen Sie ihren Namen mit Anschrift auf der Rückseite ein.

Absender:

Name, Vorname

Straße, Nr.

PLZ, Ort

Lernteam ENDRES

POSTKARTE

Bitte freimachen

An das
Studienhaus St. Blasien
Hans-Thoma-Weg 4

79829 St. Blasien

Absender:

Name, Vorname

Straße, Nr.

PLZ, Ort

Lernteam ENDRES

POSTKARTE

Bitte freimachen

An das
Studienhaus St. Blasien
Hans-Thoma-Weg 4

79829 St. Blasien

Mieux vaut tard que jamais

Besser spät als nie

C'est fini de rire

Jetzt wird's ernst

Comme on fait son lit on se couche

Wie man sich bettet, so liegt man

Jamais savant n'est tombé du ciel

Es ist noch kein Meister vom Himmel gefallen

LES LOUPS NE SE MANGENT PAS ENTRE EUX

Eine Krähe hackt der andern kein Auge aus

Jamais deux sans trois

Aller guten Dinge sind drei

La fortune sourit aux audacieux

Wer wagt, gewinnt

Il n'y a pas de mal

Das macht nichts

Il n'est pas tous les jours fête

Es kann nicht jeden Tag Sonntag sein

On peut faire d'une pierre deux coups

Da kann man zwei Fliegen mit einer Klappe schlagen

NE JETEZ PAS LA PIERRE

Spielt euch nicht als Richter auf

Quand le chat n'est pas là, les souris dansent

Kaum ist die Katze aus dem Haus, da tanzen die Mäuse auf dem Tisch

COUCOU!

Hallo!

Il ne faut pas courir deux lièvres à la fois

Man darf sich nicht verzetteln

Je pense donc je suis

Ich denke, also bin ich

C'est du vent

Das ist leeres Gerede

Rien ne va plus

Jetzt geht nichts mehr

C'est en forgeant qu'on devient forgeron

Übung macht den Meister

C'est à mourir de rire

Das ist zum Totlachen

Bon sang ne peut mentir

Der Apfel fällt nicht weit vom Stamm

DÉBROUILLE-TOI

Hilf dir selbst

Cela me met l'eau à la bouche

Da läuft mir das Wasser im Mund zusammen

Une fois n'est pas coutume

Einmal ist keinmal

Il a le vent en poupe

Er hat eine Glückssträhne